国家自然科学基金面上项目（71372154、71772191）
广东省普通高校特色新型智库（2021TSZK012）
广东省自然科学基金（2020A1515110500）
广州市哲学社会科学发展"十三五"规划2020年度课题（2020GZGJ163）

广东省教育厅创新强校工程

基于员工行为特征的动态生产率下生产-库存优化

伏开放　陈志祥　著

复旦大学出版社

内 容 提 要

　　劳动力是生产的核心要素，也是影响劳动密集型制造企业生产率的主要因素。在劳动密集型企业中，劳动生产率是动态变化的，这种动态变化与劳动员工的行为有关，员工工作中的学习效应和疲劳效应就是其中最为典型的行为因素。精益生产系统的核心支柱是准时生产制（也叫 JIT 生产，零库存生产），其核心是持续改善"无情消除浪费"。通过节省浪费实现精益生产的低成本竞争优势是精益生产的精髓所在。减少人力资源的浪费，是精益生产员工管理精益化的一个重要举措，这种员工管理精益化策略在当今大多数制造企业面临劳动力短缺的情况下显得尤为重要。为此，企业在生产管理决策中，如何以最省的员工劳动获得最大的产出，充分尊重和发挥员工的能动性，减少员工劳动浪费，是企业实现员工精益化管理的重要途径。

　　本书从生产批量决策角度，建立了生产率动态变化情景下的生产-库存优化模型。这一决策模型中由于员工行为导致的生产率动态变化包括：由于经验积累形成的学习效应下的生产率增加；由于工作经验损失形成的遗忘效应下的生产率减少；由于经验积累形成的学习效应和过度生产形成疲劳的双重效应下的生产率变化。本书通过不同情景下的动态生产率下的生产-库存优化模型的理论和数值分析，给出了有关管理启示，这些管理启示为我国制造企业在实践中如何加强生产管理和人力资源的协调优化提供了理论参考。

　　本书可作为高等学校管理科学与工程、工业工程、运筹与控制、企业管理等专业的研究生和老师的参考书，也可供企业生产管理者阅读和参考。

前　言

先进制造技术和先进管理技术的应用,对我国制造业企业劳动生产率的提高起到了推动作用,特别是"中国制造2025"战略的实施,将使得制造业逐步自动化、智能化,使得企业的劳动生产率得到显著提高。虽然自动化和智能化是制造业的一个发展方向,但是在制造业企业的生产过程中劳动力仍是一个主要生产要素,特别是对于劳动密集型制造业企业,劳动力仍是影响生产率的一个主要因素。这些劳动密集型制造业企业向大家提供了服装、家具等必需品。在由人、机、环境构成的复杂生产系统中,人是第一位的。当前,我国正处在"刘易斯拐点",人口红利终结,劳动密集型制造业企业面临劳动力短缺和劳动力成本越来越高的局面。在人力成本越来越贵的今天,需要充分挖掘现有的人力资源,使其发挥最大的价值。

目前,我国劳动密集型制造业企业的一线生产员工主要是新生代农民工。新生代农民工相比老一代农民工受教育程度高,职业期望值高,物质和精神享受要求高。由于受教育程度高,他们的学习能力更强,在生产作业过程中的学习效应更加明显。当他们较高的职业期望长期得不到满足时,会在生产一线做出反生产行为以发泄不满情绪,严重者直接跳槽走人。员工跳槽离职带走了其累积的学习经验,导致学习中断。员工频繁跳槽导致学习效应不能有效发挥作用。

由于员工休息、生产线更换产品品种、生产线进行停产检修等原因,生产中断不可避免,但生产中断将使得员工产生遗忘,遗忘使得累积的学习经验丢失。另外,由于各种因素的影响,员工会产生疲劳。员工疲劳将直接导致生产率下降,并且还会导致产品质量存在瑕疵。员工在作业过程中表现出的学习行为、遗忘行为、疲劳行为均会直接对生产率产生影响。

精益生产（Lean Production）是从丰田生产方式（Toyota Production System，TPS）演变而来的，经过世界各国学界和企业界的学习和实践推广，形成当今世界级制造系统。精益生产的一个核心就是准时生产制，也叫JIT生产或者零库存生产。精益生产视库存为万恶之源，因此主张减少库存，通过减少库存暴露管理问题，直到零库存。零库存是一个理想状态，要实现零库存，需要不断进行改善。通过改善，消除生产过程中的各种浪费，降低成本，这是精益的本质和精髓。由于生产过程的不完备性，要实现零库存是不可能的。生产过程中存在不同的不完备状态因素，需要维持一定的库存，例如：物料供应不完备，企业经常性出现缺货；由于设备的不完备性，某些工序经常出现停工待料，影响生产的正常进行；由于生产过程中存在的质量缺陷，导致产出数量与计划不一致；由于员工的工作状态变化，导致生产率波动。基于现实中生产过程的种种不完备因素，确定合理的经济生产库存水平就成为精益生产管理中的一个重要决策。在现实中，由于企业生产多种产品，需要更换生产批次，因此，存在一个最佳的生产批量（经济生产批量）决策问题。经济生产批量决策是生产管理理论研究中的一个经典问题，数十年来，国内外学者进行了大量研究，而且考虑各种情景下的生产批量决策，比如考虑生产过程质量不完备的生产批量决策（李英俊，陈志祥，2017），考虑生产设备不完备性的生产-库存联合优化（赖新峰，陈志祥，2018），研究物料供应不确定的生产-库存问题就更多。本书第2章对考虑不同的生产环境下或者结合生产过程不同的因素的生产-库存决策问题的国内外研究现状进行了详细回顾。

本书考虑生产过程中人的不完备行为对生产批量决策的影响，研究考虑员工生产过程中具有学习效应、疲劳效应、遗忘效应等情景下，生产率动态变化的生产-库存优化问题。从人的不完备因素考虑如何科学地制定生产批量。从1936年美国学者怀特（Wright）研究波音飞机生产率变化首次提出学习曲线的概念以来，大量学者对学习效应对生产的影响进行了相关研究，关于学习曲线在生产运作管理中的运用的研究文献非常丰富，在生产计划决策、生产批量决策、生产作业计划（作业排序）、质量控制、设备更新改造与维护、产品开发等方面进行研究（陈志祥，2007）。在生产批量或者生产-库存决策中考虑学习曲线效应的研究也有大量文献，但是结合学习曲线效应、疲劳效应和遗忘效应系统地研究生产库存决策的文献仍不多。本书分析学习、遗忘、疲劳给生产-库存决策带来的影响,构建了基于学习-遗忘和学习-疲劳行为的生产-库存联合优化模型及学习和遗忘下的优化与协调模型。

全书的创新性工作和主要结论如下。

首先,依据员工是否存在学习行为及学习曲线的表达方式,构建了五个生产-库存联合优化模型:员工作业行为不具有学习特征时的联合优化模型(模型1)、即时生产率下的 Wright 联合优化模型(模型2)、平均生产率下的 Wright 联合优化模型(模型3,AW 情形)、认知学习和技能学习(JGLCM)下的联合优化模型(模型4,JGLCM 情形)、改进的认知学习和技能学习(FCLCM)下的联合优化模型(模型5,FCLCM 情形)。AW 情形整合了认知学习与技能学习,平均生产率最高。JGLCM 情形将学习拆散为认知学习与技能学习,弱化了部分学习效果。FCLCM 情形对学习进行了进一步拆散,指出部分生产时间不存在学习效应,导致 FCLCM 情形下的平均生产率最低。在 AW 情形下,生产-库存系统的平均成本最低。在 FCLCM 情形下,生产-库存系统的平均成本最高。当生产趋于稳定后,不论是何种情形,最优供货次数相同,AW 情形下的单次供货量最大,FCLCM 情形下的单次供货量最小。

其次,构建了基于员工学习-遗忘行为的生产-库存联合优化模型,引入 JB 学习-遗忘理论,提出了基于半忘期的学习-遗忘理论和基于半忘期的双相学习-遗忘理论。将三类学习-遗忘理论应用到生产-库存模型中。在三类学习-遗忘理论下,第二个生产周期的最优平均成本相比于第一个生产周期明显减少,第二个生产周期以后的最优平均成本减少不明显。在 JB 学习-遗忘理论下,当完全遗忘时间较短时,由于员工作业行为具有的学习—遗忘—学习—遗忘的摇摆特征,使得第二个生产周期以后的最优成本处于减少—增加—减少—增加的摇摆状态。在基于半忘期的学习-遗忘理论下,不论半忘期取何值,随着生产的往复进行,平均成本均不会出现波浪式的摇摆特征。在基于半忘期的双相学习-遗忘理论下,由于认知与技能存在学习—遗忘—学习—遗忘的重复,生产-库存系统的平均成本在生产的后期出现了减少—增加—减少—增加的摇摆特征。相比于技能遗忘,认知遗忘对系统平均成本的影响更大。

最后,将生产阶段划分为学习—稳定—疲劳—休息—再学习阶段。对经典EPQ模型进行了拓展，依据生产终止的阶段建立了四类情形下的EPQ模型。依据员工是否进行休息构建了疲劳不存在恢复及疲劳存在恢复的两级生产-库存联合优化模型。依据疲劳在终末是否存在激发期，构建了疲劳存在终末激发期的两级生产-库存联合优化模型。考虑员工在质检过程中存在的两类风险质检行为。反映疲劳的劳动强度指数越大，表明疲劳得越快，为了生产一定数量的产品就需要延长疲劳期的生产时间，从而加剧了疲劳，形成恶性循环，导致系统平均成本增大。但在不同时段，休息时间的延长对降低成本发挥的作用不同。

本书是国家自然科学基金课题(71372154)的研究成果之一。本书得到广东省普通高校特色新型智库(2021TSZK012)、广东省自然科学基金项目(2020A1515110500)、广州市哲学社会科学发展"十三五"规划2020年度课题(2020GZGJ163)的支持。同时本书的出版得到复旦大学出版社的大力支持，在此表示感谢。

由于作者水平有限，敬请读者指正书中存在的不足之处。

伏开放　陈志祥
2020年8月

目 录

前言 ········· 001

1 绪论 ········· 001
   1.1 研究背景 ········· 001
   1.2 研究问题 ········· 003
   1.3 研究目的与意义 ········· 005
   1.4 研究内容与框架 ········· 008
   1.5 本书的创新点 ········· 010

2 文献综述 ········· 012
   2.1 员工行为与动态生产率 ········· 012
   2.2 考虑员工行为动态生产率的生产-库存优化 ········· 018
   2.3 本章小结 ········· 026

3 基于员工学习行为的生产-库存联合优化 ········· 027
   3.1 引言 ········· 027
   3.2 问题描述、符号说明与模型假设 ········· 029
   3.3 员工作业行为不具有学习特征时的生产-库存联合优化（模型1）········· 032
   3.4 员工作业行为具有学习特征时的生产-库存联合优化 ········· 037
   3.5 FCLCM下的生产-库存联合优化模型求解算法 ········· 045

3.6 参数设定与对比分析 ⋯⋯⋯⋯⋯⋯⋯⋯⋯⋯⋯⋯⋯⋯⋯⋯⋯⋯ 046

3.7 本章小结 ⋯⋯⋯⋯⋯⋯⋯⋯⋯⋯⋯⋯⋯⋯⋯⋯⋯⋯⋯⋯⋯⋯⋯ 053

4 基于员工学习-遗忘行为的生产-库存联合优化 ⋯⋯⋯⋯⋯⋯⋯⋯ 056

4.1 引言 ⋯⋯⋯⋯⋯⋯⋯⋯⋯⋯⋯⋯⋯⋯⋯⋯⋯⋯⋯⋯⋯⋯⋯⋯⋯ 056

4.2 问题描述、符号说明与模型假设 ⋯⋯⋯⋯⋯⋯⋯⋯⋯⋯⋯⋯ 057

4.3 员工学习-遗忘行为曲线 ⋯⋯⋯⋯⋯⋯⋯⋯⋯⋯⋯⋯⋯⋯⋯⋯ 060

4.4 基于员工学习-遗忘行为的生产-库存联合优化模型 ⋯⋯⋯⋯ 064

4.5 数值算例 ⋯⋯⋯⋯⋯⋯⋯⋯⋯⋯⋯⋯⋯⋯⋯⋯⋯⋯⋯⋯⋯⋯⋯ 069

4.6 本章小结 ⋯⋯⋯⋯⋯⋯⋯⋯⋯⋯⋯⋯⋯⋯⋯⋯⋯⋯⋯⋯⋯⋯ 076

5 基于员工学习-疲劳行为的生产-库存联合优化 ⋯⋯⋯⋯⋯⋯⋯⋯ 078

5.1 引言 ⋯⋯⋯⋯⋯⋯⋯⋯⋯⋯⋯⋯⋯⋯⋯⋯⋯⋯⋯⋯⋯⋯⋯⋯⋯ 078

5.2 员工作业过程中存在的学习-疲劳行为 ⋯⋯⋯⋯⋯⋯⋯⋯⋯⋯ 080

5.3 疲劳不存在恢复的生产-库存联合优化 ⋯⋯⋯⋯⋯⋯⋯⋯⋯⋯ 110

5.4 疲劳存在恢复的生产-库存联合优化 ⋯⋯⋯⋯⋯⋯⋯⋯⋯⋯⋯ 120

5.5 疲劳存在终末激发期的生产-库存联合优化 ⋯⋯⋯⋯⋯⋯⋯⋯ 126

5.6 本章小结 ⋯⋯⋯⋯⋯⋯⋯⋯⋯⋯⋯⋯⋯⋯⋯⋯⋯⋯⋯⋯⋯⋯ 133

6 总结与展望 ⋯⋯⋯⋯⋯⋯⋯⋯⋯⋯⋯⋯⋯⋯⋯⋯⋯⋯⋯⋯⋯⋯⋯⋯ 136

6.1 总结 ⋯⋯⋯⋯⋯⋯⋯⋯⋯⋯⋯⋯⋯⋯⋯⋯⋯⋯⋯⋯⋯⋯⋯⋯⋯ 136

6.2 展望 ⋯⋯⋯⋯⋯⋯⋯⋯⋯⋯⋯⋯⋯⋯⋯⋯⋯⋯⋯⋯⋯⋯⋯⋯⋯ 141

参考文献 ⋯⋯⋯⋯⋯⋯⋯⋯⋯⋯⋯⋯⋯⋯⋯⋯⋯⋯⋯⋯⋯⋯⋯⋯⋯⋯ 142

1 绪 论

1.1 研究背景

习近平总书记在十九大报告中号召加快建设制造业强国,加快发展先进制造业。制造业不仅是国民经济的主要支柱,而且也是今后我国经济实施"创新驱动、转型升级"战略的主战场。改革开放以来,我国的制造业发展迅速,截至 2010 年年底,我国制造业产值在全球占比超过美国,成为名副其实的制造业第一大国。当前,在 500 多种主要工业产品中,我国有超过 220 种工业产品的产量位居世界第一。但制造业表现出的优势并不能掩盖我国制造业存在的问题。虽然我国在高速铁路、载人航天、探月工程、量子通信、核电装备、深海潜器、特高压输变电、超级计算、北斗导航等战略高技术领域取得重大突破,但相比于美国、德国、日本等先进制造业发达国家,我国的全员劳动生产率水平偏低、增加值率低、创新能力薄弱、知名品牌缺乏也是客观事实。

当前,我国仍然有一大部分劳动密集型制造业,如纺织、服装、制鞋、家具、皮具等。这些劳动密集型制造业的生产率仍然具有较大的提升空间。面对我国是制造大国而不是制造强国的事实,我国政府提出"中国制造 2025"战略。该战略的实施将使得我国的制造业向自动化、智能化方向发展,劳动生产率得到进一步提升。虽然我国的智能制造水平得到了大幅提高,但在实际生产过程中，依旧需要大量的人工作业，例如，机器设备的运转离不开员工的操作，零部件的组装需要作业者手工完成。然而，我国正在经历"刘易斯拐点"，人口红利终结，劳动力短缺现象在一定范围内存在，珠三角和长三角地区制造业企业依然面临着招工难的问题。另外，制造业企业的劳动力成本越来越高，在2010年，我国制造业人员年平均工资为30 916元，2015年上升到55 324元。另外，欧美国家提出"再工业化战略"，越南、泰国等东南亚国家以更低的成本承接劳动密集型产业的转移，对我国制造业形成"前后夹击"的局面。

曾经为我国制造业迅速发展作出贡献的廉价劳动力已经并不廉价，随着新生代农民工逐渐取代老一代农民工，制造业企业的劳动力成本将越来越高。新生代农民工相比于老一代农民工表现出受教育程度高的特征，因而其职业期望值高，物质和精神享受要求也高。另外，由于新生代农民工不愿意吃苦耐劳，其在工作中表现出耐受力低等特征。制造业企业在雇佣新生代农民工时，遇到了一些新的问题，诸如富士康集团的"十一连跳事件"，通化钢铁厂员工将总经理群殴致死的"通钢事件"。新生代农民工表现出与以往农民工不同的行为特征，普遍不愿意加班，并且对待遇和尊严有着很高的追求。当新生代农民工的期望长期得不到满足时，他们将会改变工作态度，消极应付工作，在工作中产生的消极情绪会加快员工的疲劳进程，从而降低生产率。

劳动密集型制造业企业在涉及人的管理时，缺乏对人性的合理关怀和对基础管理文化的塑造，导致员工反生产行为频发，安全生产事故不断，产品不合格率提升。尽管制造业在自动化、信息化、智能化方向有了很大的发展，但在由人—机—环境构成的复杂生产系统中，人这一生产要素在生产系统中越来越重要。在生产一线作业中，员工作业行为表现出学习、遗忘、疲劳行为特征，这些特征均会对生产率产生直接影响。这些人的因素成为研究生产运作时必须考虑的因素。员工在作业过程中表现出的学习特征，展示了人的主观能动性、挑战性和不断创新的精神，人成为生产制造系统中最活跃的资源。

物流业的发展为制造业的发展提供了巨大的支撑作用，虽然当前我国具有完善的物流网络，但物流成本仍然居高不下。近年来，我国社会物流总费用约占GDP的18%，其中，库存保管费用约占社会物流总费用的1/3。库存保管费用哪怕降低1%,节约的总费用也是巨量的。商品从出厂到到达消费者手中,流通环节需要搬运5—7次,耗费了大量的成本和时间,大量的企业利润被物流和仓储吞噬掉了。为了减少物流和库存对利润的消耗,核心企业必须有效地控制供应链上下游库存,提高库存周转率。我国是世界公认的制造业大国,但并非制造强国,随着人口老龄化的进一步深入,人力成本越来越贵。美国税改政策的落地,极大地降低了美国制造业的成本,提升了美国制造业企业的竞争力。在此大背景下,我国制造业要提升竞争力,需进一步降低成本,优化供应链结构和库存控制成为降低成本的重要途径。传统库存控制的研究往往针对单一的利益主体,从单一的企业出发,从优化库存成本和订购成本的角度使得自身利益最大化。而现在企业之间的竞争已经转化为供应链之间的竞争,在进行库存控制时需要将其置于供应链管理背景之下。通过供应链上下游企业之间的信息分享,进行供应链整体的库存优化相比于单一企业的库存优化更能提升供应链整体的竞争力。

1.2 研 究 问 题

劳动密集型制造业企业除了面临劳动力短缺和劳动力成本越来越高以外,还面临激烈的全球化市场竞争。企业之间的竞争模式已完全转变为供应链的竞争。为了提升供应链的竞争力,需要进行供应链管理。供应链管理的核心是进行库存控制。库存过高,掩盖了企业管理中的诸多问题,占用了大量的资金;库存过少,不能满足消费者的需求,白白浪费了赚取利润的机会。供应链管理的核心思想是整合(马士化等,2000)。整合既包括横向整合,也包括纵向整合。通过对供应链的上下游进行整合,可以明显降低成本,提高企业的竞争力。戈亚尔(Goyal, 1977)考虑供应链的上下游,率先建立了整合库存模型(Integrated Inventory Model),也称联合经济批量模型(Joint Economic lot size model, JELS model),或称生产-库存联合优化模型(single-vendor single-buyer integrated production-inventory model, SVSB model)。班纳吉(Banerjee, 1986)和戈亚尔(1988)对戈亚尔(1977)模型进行了拓展,使得生产-库存联合优化模型成为一类研究问题。当在生产-库存联合优化模型中考虑JIT策略时,生产-库存联合优化问题成为JIT生产-库存联合优化问题。

在劳动密集型制造业企业,当员工进行重复性劳动时,完成单位产品的劳动时间会越来越短,间接导致单位产品的生产成本越来越低,此类现象称为学习现象或学习效应,员工的作业行为具有学习特征。研究员工作业行为中具有的学习特征带来的影响,可以分析劳动力成本的变化趋势,建立薪酬激励制度,降低作业员工的流失率,从而降低制造业企业的生产成本。员工学习可以提升生产效率,降低生产成本,但生产率提高的同时,加快了库存累积,增加了库存成本,需要在存储和生产之间进行平衡。本书研究的第一个问题就是在JIT生产-库存联合优化模型中考虑员工学习行为,探讨员工学习行为对JIT生产-库存最优策略(最优单次供货量、最优供货次数、最优总产量)的影响。

员工学习行为建立在员工连续工作的基础上。当工作中断后,会导致员工学习中断,学习中断后员工对原先掌握的学习经验就会产生遗忘,遗忘会使得累积的学习经验丢失,不能继续保持学习带来的经验累积优势。在生产管理中,应当克服中断后产生遗忘带来的不利影响,克服短期聘用对企业造成的效率减低和成本上升等不利影响。基于员工在学习中断后会产生遗忘,本书研究的第二个问题就是在JIT生产-库存联合优化模型中同时考虑员工的学习行为和遗忘行为,探讨员工学习行为和遗忘行为对JIT生产-库存最优策略的影响。

在人-机作业系统中,人们会自觉地调节自身的紧张程度,做到生产作业与机器相互配合。但由于人自身存在的生理和心理特点,人会产生作业疲劳。不仅疲劳的产生因素是多种多样的,而且疲劳的表现形式也是多方面的,如动作迟缓、记忆力下降、反应速度变慢等。员工的疲劳不仅导致工作热情衰减,而且会使得节拍时间延长,甚或导致生产事故频发。长时间的疲劳还会导致职业病。本书研究的第三个问题就是在JIT生产-库存模型中,同时考虑员工的学习行为和疲劳行为,探讨员工学习行为和疲劳行为对JIT生产-库存最优决策的影响。整体而言,本书主要探讨员工学习-遗忘-疲劳行为导致的生产率变化给生产-库存优化带来的影响(图1-1)。

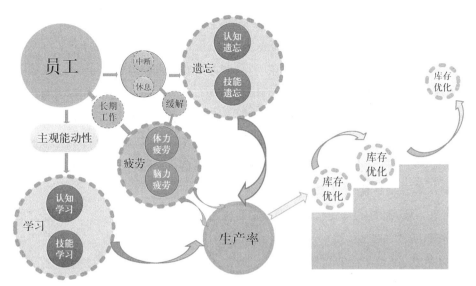

图 1-1　员工学习-遗忘-疲劳导致的生产率变化对生产-库存优化的影响

1.3　研究目的与意义

1.3.1　研究目的

"行为经济学之父"理查德·泰勒(Richard Thaler)获得 2017 年诺贝尔经济学奖,将行为经济学的研究再次推向研究热点。近些年,实际上不仅行为经济学得到广泛研究,行为运作也得到学者们的大量关注,本书的研究就涉及行为运作。另外本书的研究还涉及经济订货批量模型(Economic Order Quantity,EOQ 模型)、经济生产批量模型(Economic Production Quantity,EPQ 模型)、JIT 生产-库存联合优化模型等。

根据怀特(Wright)的学习曲线,趋于稳定后最佳的生产时间为零,但在实际生产中有一个最短的生产时间,不可能趋于零。本书的研究目的之一,是将学习效应划分为认知学习和技能学习,构建更加逼近现实复杂性的新型学习曲线,避免生产稳定后生产时间趋于零的问题。另外,将构建的新型学习曲线应用到生产-库存优化模型中。

在实际生产中,由于员工离职等原因,导致员工频繁更替,从而使得生产成本不稳定,本书意在分析这种不稳定的变化规律。生产中断后,员工会产生遗忘,本书进一步挖掘员工遗忘和生产率之间的关系,构建基于半忘期的学习-遗忘理论。基于构建的认知学习和技能学习曲线,提出基于半忘期的双相学习-遗忘理论。针对已有关于员工学习效应和遗忘效应行为在库存领域的应用研究,主要集中在单级的利益主体,较少拓展到供应链的上下游,本书将构建的学习-遗忘曲线应用到两级生产-库存模型,分析员工学习-遗忘行为给生产决策和供应决策带来的影响。

由于员工的生理和心理特点,员工在工作中会产生疲劳,员工疲劳会导致生产率下降、产品质量不合格率提升等问题。员工疲劳直接使得生产率动态递减,增加了库存管理的难度。以往关于疲劳对生产率的研究,多是定性的研究,本书探讨员工疲劳行为和生产率之间的数量关系,对疲劳行为和生产率之间的关系展开定量研究。构建基于学习-稳定-疲劳-休息-再学习的库存曲线,探讨当员工产生疲劳时疲劳恢复或不恢复对库存决策产生的影响。

1.3.2 研究意义

制造业作为国民经济的基础,对国民经济的影响巨大。在制造业企业的生产经营过程中,原材料采购、生产组装、售后服务均与库存相关。库存控制水平的优劣直接决定企业对顾客的服务水平,进而影响企业的竞争力。当前,我国在实行制造强国战略,提高制造业的效率,降低生产成本、库存成本对提高国际竞争力具有重要意义。库存对于保证制造业企业的连续生产,提升服务水平和顾客满意度发挥重要作用。一味地增加库存将挤占资金,加重贷款利息,影响资金的时间价值,增加库存的保管费用,阻碍企业管理水平的提高;一味地减少库存将导致生产中断,服务水平下降,影响企业信誉和销售利润。频繁的订货也将导致订购成本增加和配送成本增加。因此,在保证生产连续的情况下,进行合理的库存控制对降低成本无疑具有重要意义。

劳动密集型制造业企业广泛雇佣新生代农民工。新生代农民工相比老一代农民工受教育程度更高,学习能力更强。他们在作业过程中存在的学习效应,使得生产成本按一定的规律递减。学习效应是对传统成本理论分析的补充和完善,在实际工作中具有很强的指导意义。反映成本递减规律的学习曲线可以帮助管理者评估生产成本、决策销售价格和制定合理的奖励制度。另外,管理者可以利用学习曲线来规划生产现金流和制定经营战略。学习曲线的表达形式是多样的,企业有必要研究自身的学习曲线是怎样的,以便制定符合企业自身的薪酬制度,建立更好的激励制度,降低核心一线操作工的流失率,从而降低企业的生产成本。员工在作业过程中存在的学习效应使得生产率动态增加,而动态增加的生产率直接对库存产生影响,因此,研究员工在作业过程中存在的学习效应对库存控制的影响具有重要意义。

在实践中,员工不仅存在学习效应,也存在遗忘效应,当生产中断以后,随即产生遗忘。遗忘使得累积的学习经验丢失,不能保持学习效应发挥的优势。当生产发生中断时,通过对学习曲线和遗忘曲线的研究,可以探讨劳动技能培训与巩固、短期雇佣与长期雇佣等对员工生产率的影响,从而克服短期聘用对企业造成的效率减低和成本上升等不利影响。遗忘效应使得生产率动态减少,有必要研究遗忘效应对库存控制的影响。

安全高效生产已成为管理者和作业者追求的共同目标。员工在生产线上进行单调重复的工作,容易产生疲劳,当员工产生疲劳时,会表现出注意力分散、知觉失调、意志衰退、记忆力下降等现象。疲劳直接对安全生产和生产效率产生影响。管理者需要挖掘疲劳的产生因素,弱化这些因素产生的影响,缓解作业者的疲劳程度。以往关于疲劳的研究聚焦在各类疲劳测量方法、疲劳的产生因素及这些因素对疲劳生产的影响。疲劳会导致生产率递减,但很少有学者将疲劳导致的生产率变化引入库存控制领域。有必要研究员工作业行为具有的疲劳特征对库存决策的影响。

库存控制对企业的成本控制至关重要,库存控制水平反映了企业的管理水平。生产率的变化直接影响库存水平增加的速度,而员工作业行为具有的学习、遗忘、疲劳行为特征,直接影响生产率的变化,间接导致库存水平发生变化,因此,研究员工作业行为具有的多样性特征对库存决策的影响具有重要的现实和理论意义。另外,探讨员工学习-遗忘-疲劳行为对库存决策的影响属于行为运作的范畴,在行为运作管理中,加强对员工的人性化关怀,可以让员工专注于自身的本职工作,专注于做前沿性、挑战性的工作,发挥自身的潜能,从而提升学习效率,更好地体现员工的价值,促使人-机-环的有机统一,促使生产制造过程与人的有机统一,进而提升企业的专业化分工水平,加快制造业转型升级。

1.4　研究内容与框架

全文包括六章(图 1-2),每章的主要内容如下。

第 1 章是绪论。主要介绍本书的研究背景、研究问题、研究目的、研究意义及研究内容与结构,最后给出全文的创新点。

第 2 章是文献综述。对涉及本书的研究文献进行综述,涉及的领域主要包括生产-库存联合优化、学习效应、遗忘效应、疲劳行为、模糊生产-库存、契约理论、公平关切。指出现有研究的不足,提出本书的研究问题。

第 3 章是基于员工学习行为的生产-库存联合优化。本章在考虑模糊需求的基础上,建立了五个 JIT 生产-库存联合优化模型。第一个模型基于员工作业行为不具有学习特征,该模型作为比较的参照点。第二个模型采用即时生产率的方法建立 JIT 生产-库存联合优化模型。第三个模型采用平均生产率的方法建立 JIT 生产-库存联合优化模型。第四个模型将贾比尔和格洛克(Jaber & Glock,2013)提出的 Jaber-Glock learning curve model(JGLCM)应用到 JIT 生产-库存联合优化模型中。第五个模型基于 JGLCM 模型构建了 Fu-Chen learning curve model(FCLCM),并将 FCLCM 应用到 JIT 生产-库存联合优化模型中。本章对各模型进行了比较。

第 4 章是基于员工学习-遗忘行为的生产-库存联合优化。介绍了贾比尔和邦尼(Jaber & Bonney,1996)的学习-遗忘曲线(JB 学习-遗忘曲线)。根据放射性元素的衰减规律,提出了基于半忘期的学习-遗忘理论和基于半忘期的双相学习-遗忘曲线。将 JB 学习-遗忘曲线、基于半忘期的学习-遗忘曲线和基于半忘期的双相学习-遗忘曲线应用到 JIT 生产-库存联合优化模型中。

1 绪 论

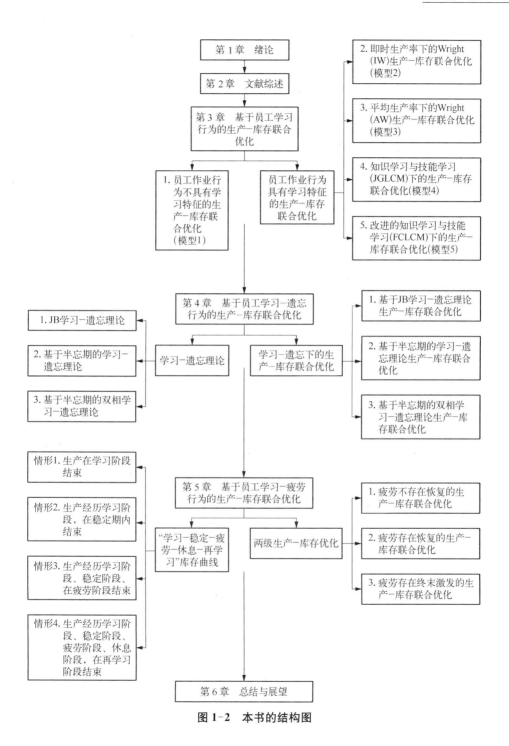

图 1-2 本书的结构图

第5章是基于员工学习-疲劳行为的生产-库存联合优化。本章分单级生产-库存优化和两级生产-库存优化。在研究单级生产-库存优化时，依据生产经历的阶段和终止的阶段划分为四类情形：第一类情形是生产仅在学习阶段进行；第二类情形是生产跨过学习阶段，在稳定阶段结束；第三类情形是生产经历学习阶段、稳定阶段，在疲劳阶段结束；第四类情形是生产经历学习阶段、稳定阶段、疲劳阶段、休息阶段，在再学习阶段结束。在研究两级生产-库存优化时，根据疲劳是否存在恢复，建立了疲劳不存在恢复的两级生产-库存联合优化模型，疲劳存在恢复的两级生产-库存联合优化模型。根据实践观测到的终末赶工现象，建立了疲劳存在终末激发期的两级生产-库存联合优化模型。

第6章是总结与展望。对各部分所做的研究进行梳理，并对所得的主要结论进行归纳。针对研究的局限性，提出了未来的研究内容。

1.5　本书的创新点

1.5.1　构建了基于认知学习和技能学习的双相 FCLCM 曲线

根据怀特的学习曲线模型，理论上当生产趋于稳定后，最佳的生产时间为零，但在实际生产中这是不可能实现的，产品的生产需要一个最短的生产时间。尽管达尔-EL(Dar-EL)等基于员工作业行为具有的认知学习与技能学习特征，扩展了 Wright 学习曲线的形式，提出了认知学习与技能学习下的双重学习特征的学习曲线模型(Dual-phase learning curve model, DPLCM)；贾比尔和格洛克通过对初始作业时间的划分，改进了 Dar-EL 等人的模型，提出了贾比尔—格洛克学习曲线模型(Jaber-Glock learning curve model, JGLCM)，但 DPLCM 和 JGLCM 并没有从理论上解决生产稳定后生产时间趋于零的问题，本书通过对生产时间的调整，构建了 FCLCM 曲线(Fu-Chen learning curve model, FCLCM)，在理论上解决了生产达到稳定后生产时间不为零的问题，本书构建的 FCLCM 曲线更加逼近现实生产的复杂性。

1.5.2 构建了基于半忘期的学习-遗忘曲线和基于半忘期的双相学习-遗忘曲线

生产作业中断不仅导致学习中断,还间接导致产生遗忘。由艾宾浩斯的遗忘曲线理论可知,遗忘在学习中断之后立即开始,而且遗忘的进程并不是均匀的。最初遗忘得快,后期遗忘得慢。放射性元素的衰减过程也是遵循最初衰减得快、后期衰减得慢的规律。本书基于放射性元素的衰减规律,构建基于半忘期的学习-遗忘曲线。同时,根据员工作业行为具有的认知学习和遗忘学习特征,构建了基于半忘期的双相学习-遗忘曲线。

1.5.3 构建了学习-稳定-疲劳-休息-再学习的库存曲线

疲劳是一种广泛存在的生理和心理现象,疲劳的存在使得生产率动态变化。当员工与机器相互配合构成人机作业系统时,人的作业会受到设备等的制约。人的疲劳会先于机械设备,一旦疲劳加剧而不注意休息,不仅导致生产率下降,还会导致产品质量存在缺陷,严重者还会导致生产事故,因此,不能忽视疲劳带来的影响。根据作者在企业的调研,发现员工的作业规律符合学习-稳定-疲劳-休息-再学习的特征,基于发现的规律,本书建立了学习-稳定-疲劳-休息-再学习的库存曲线。当疲劳不存在恢复时,构建了基于员工学习-稳定-疲劳的 JIT 生产-库存联合优化模型。当疲劳存在恢复时,构建了基于员工学习-稳定-疲劳-休息-再学习的 JIT 生产-库存联合优化模型。

2 文献综述

本书研究涉及的文献内容包括学习效应、遗忘效应、疲劳行为、生产-库存联合优化、动态生产率等,以下是对上述内容的综述。

2.1 员工行为与动态生产率

本书探讨的员工行为是指员工个体在生产一线活动中的表现和作为。员工在一线生产中的行为表现包括学习效应行为(Wright,1936;周永务,2002;Jaber and Glock,2013;于秀丽等,2015;阮平和黄勇富,2016;伏开放和陈志祥,2019;孙康泰和陈植元,2019;魏津瑜等,2019;陈庭翰,2017)、遗忘效应行为(Bailey,1989;Jaber and Glock,2003;黄宇菲和汪应洛,2011;王桂娜等,2012;Nima等,2016;杨斌彬和叶春明,2017)、疲劳效应行为(陈建武等,2011;Jaber等,2013;尚倩,2013;陈成明等,2014;Cagnie等,2017;伏开放和陈志祥,2020)、反生产行为(Gurn,1988;Harper,1990;Spector等,2006;赵旭和胡斌,2016;张季媛和王文宇,2008;陈春花,2010;Tziner等,2020;赵红丹等,2020;彭贺,2010)等。反生产行为的突出表现是消极怠工、蓄意破坏、迟到、旷工等。员工在工作中表现出的学习效应,使得员工的行为成为一种高效率行为;员工在工作中表现出的遗忘效应及疲劳效应,使得员工的行为成为一种低效率行为。员工在工作中表现出的反生产行为,是一种员工因不满而故意与组织对抗的行为。

2.1.1 员工学习行为与动态生产率

高水平的生产率对企业在激烈的市场竞争中发展和壮大起至关重要的作用。生产率水平的提高依赖于员工的积极性、主动性和创造性。员工的学习行为是员工主观能动性的体现。员工学习效应的存在使得单位产品的生产时间越来越短,因而使得生产率动态增加(Argote and Epple,1990;Zangwill,1998;Sáenz-Royo and Salas-Fumás,2013;陈志祥,2007;Anzanello and Fogliatto,2011;叶春明,2015)。一般认为,生产率的进步依赖科学技术的进步和学习使得生产率的逐步改善(Bartel and Ichniowski,2005;Abraham,2006;Syverson,2010)。

为了分析员工学习行为对动态生产率的影响,需要建立学习曲线。自从1936年Wright提出学习曲线(Wright-Learning-Curve,WLC)的概念以来,学习效应概念的含义在不断扩大,除了原来的生产率改善具有学习效应以外,还扩展到质量改善具有学习效应、成本减少具有学习效应等。学者们提出了各种类型的学习曲线。对数型的学习曲线包括Wright学习曲线(Wright,1936)、Plateau学习曲线(Baloff,1971)、Stanford-B学习曲线(Carlson,1973)、De Jong学习曲线(De Jong,1957)、S型学习曲线(Nembhard and Uzumeri,2000)和Jaber-Glock学习曲线(Jaber and Glock,2013)。指数型学习曲线主要包括2参数型学习曲线(Mazur and Hastie,1978)、3参数型学习曲线(Anzanello and Fogliatto,2011)、组织学习曲线(Glock and Jaber,2014)。双曲线型学习曲线主要包括2参数型双曲线学习曲线(Mazur and Hastie,1978)和3参数型双曲线学习曲线(Mazur and Hastie,1978;Anzanello and Fogliatto,2011;Nembhard and Uzumeri,2000)。

面对不同类型的学习曲线,该如何选择? 格罗斯(Grosse,2015)等给出了回答。格罗斯等(2015)根据霍赫赖因和格洛克(Hochrein and Glock)的分类方法,系统回顾了学者们提出的各种类型的学习曲线,并采用特兰菲尔德(Tranfield,2003)等的方法,根据实际生产数据对学习曲线进行了拟合,通过拟合发现2参数双曲线型学习曲线表现是最差的。陈志祥(2007)从质量改进、生产计划、库存与生产批量决策、作业调度与任务分配及流程改造与技术更新方面,对学习曲线在工业生产运作中的应用进行了全面的综述,同时给出了学习曲线应用的新方向。

设备状态异常将导致生产出缺陷品,缺陷品在返工处理时也会产生学习效应,但以往研究忽视了缺陷品的返工处理过程也存在学习效应。贾比尔和吉弗里德(Jaber and Guiffrida, 2005)分生产过程存在学习效应、返工过程不存在学习效应及生产过程和返工过程均存在学习效应两类情形,建立了两类学习曲线。但贾比尔和吉弗里德的研究也存在局限性,假设缺陷品全部返工处理没有考虑报废情形,即假设缺陷率是常数,而在实际生产中缺陷率往往是动态变化的。

约万诺维奇和尼亚克格里利切斯(Jovanovic and Nyarkogriliches, 1995)建立了贝叶斯学习曲线,给出了学习和动态生产率之间的关系,并对弹药工人的生产率进行了拟合,他们提出的贝叶斯学习曲线能够真实地反映弹药工人的生产率变化规律。整体而言,弹药工人的生产率递增的速度越来越慢,弹药工人在数月以后的生产率趋于稳定。谢弗(Shafer, 2001)等对员工进行分类,考虑员工的异质性,分析了员工学习行为与遗忘行为对生产线组装效率的影响。倘若不考虑员工之间的差异,将会低估系统的全员生产率。高水平学习经验的保留有助于维持高水平的生产率。格洛克(Glock, 2012)指出,当员工存在学习效应时,制造商的生产率提升会使得零售价下降,因而购买商更偏向于选择具有学习效应的供应商。

艾吉和劳巴赫(Edge and Laubach, 2004)从宏观经济的角度采用计量经济学方法证实了员工学习有利于长期全要素生产率(TFP)的提高。罗约和萨拉斯(Sáenz-Royo and Salas-Fumás, 2013)建立了混合学习曲线函数,探讨了学习和动态生产率之间的关系,证实生产率在早期增加的速度越来越快,到达临界值后增加的速度越来越慢。该混合学习曲线模型在汽车组装生产线上得到了很好的应用。桑托斯(Santos-Arteaga, 2017)等证实在西班牙跨国企业中员工之间的相互学习行为可以显著提高创新产出和生产率。以上文献只是单纯地考虑学习行为和生产率的关系,没有将员工的学习效应应用到生产库存优化模型中。

2.1.2 员工遗忘行为与动态生产率

由于设备维护、员工调休等原因,生产产生中断。生产中断后,员工产生遗忘,遗忘导致员工知识的遗失,进而使得生产率动态减少。为了分析遗忘导致的生产率减少,需要分析遗忘产生的影响,以及构建遗忘和生产率之间的函数曲线。格罗尔森(Globerson,1989)等探讨了遗忘的影响因素,包括生产中断时间、累积的学习经验、工作的复杂度等,构建了遗忘函数曲线,重点分析了中断给遗忘带来的影响,并采用实验方法进行了验证。贝利(Bailey,1989)针对实际生产数据难以得到的现状,采用实验的方法研究了员工作业的学习和遗忘规律。在其设计的实验中,工人需要花费4个或8个小时来进行重复和可持续的工作,114天后,工人再次来做这项工作。实验发现,学习率与完成第一件产品的生产时间有直接关系,再学习率和初始学习率并无直接关系,遗忘率和学习率并无直接关系。

贾比尔和邦尼(1996)引入完全遗忘指数的概念,即完全遗忘指数依赖于生产中断时间、学习系数和在中断时间内的累积生产量,提出了学习-遗忘曲线模型(LFCM),本书称其为Jaber-Bonney学习-遗忘理论,简称JB学习-遗忘理论。在JB学习-遗忘理论中,遗忘使得生产率动态递减,递减的速度依赖于中断时间和前期累积的经验数。巴迪鲁(Badiru)建立了多参数的学习和遗忘曲线模型,分析了学习和遗忘对动态生产率的影响。黄宇菲和汪应洛(2011)将贾比尔和邦尼(1996)拓展到多周期,分析了生产中断情形下不同雇佣策略对员工生产率的影响。肯(Kim,2015)建立了混合整数规划模型,用于分析员工的学习和遗忘对生产率导致的影响。格罗斯等(2013)分析了员工遗忘行为是如何影响订单抓取效率的。

贾比尔和克尔(Jaber and Kher,2002)在Dar-EL等(1995)的双相学习曲线的基础上,建立了基于认知学习和遗忘及技能学习和遗忘的双相学习遗忘曲线(DPLFM),但贾比尔和克尔(2002)并没有将该曲线应用到经济批量模型中。

员工离职可以说是遗忘的极端情形,员工离职带走了大量的隐性知识,新招聘的员工存在培训和调整适用的真空期,使得新员工的磨合期低效率运作(秦江萍和谢江桦,2004)。路易斯(Luis López,2013)等探讨了员工更替导致的组织遗忘对生产率的影响,尽管生产的产量会进行累积,但资源属性的多样性使得经验不能很好地发挥作用,遗忘的反复进行会降低整体的生产率。

2.1.3 员工疲劳行为与动态生产率

已有关于员工学习行为和遗忘行为的文献,较少考虑到员工在工作中承受到的生理负荷和心理负荷。实际上,员工承受的生理负荷和心理负荷会导致员工产生疲劳行为。关于员工疲劳行为的定义多种多样,学者们并没有形成一个共识。郑培(2002)认为,疲劳是指劳动者工作能力下降的一种现象,该现象是由员工在劳动过程中连续作业不断消耗能量引起。郭晓波和郭海林(2009)认为,疲劳是一种正常的普遍存在的生理与心理状态,同时疲劳与休息也是消耗与恢复相互交替进行的机体正常活动。陈建武等(2011)认为,疲劳是人在劳动生产过程中逐渐出现的不适感,是作业能力明显下降的一种状态,是劳动生理和心理的一种复杂表现。作者认为,疲劳是指在一定的环境条件下,体力或脑力劳动由于长时间或过度紧张引起的生产率下降的一种状态。

当员工疲劳累积到一定程度后,员工的工作积极性会降低,注意力难以集中,记忆力快速下降。倘若长时间工作,将导致员工疲劳加剧,而得不到合理的休息,不仅生产率会下降,还会引发产品质量问题及生产事故。为防止作业疲劳导致的危害,需要为员工提供舒适的工作环境并安排合理的休息时间,让员工充分缓解疲劳(Hancock and Desmond,2000)。因此,研究疲劳对改善生产率、减少生产事故以及保护劳动者安全与健康具有重要意义。

奥科克米(Okogbaa,1983)指出,疲劳和产出之间的函数是双曲线和指数函数的复合函数。贝希托德(Bechtold,1988)的研究也指出,即时生产率随时间的变化关系呈现指数函数关系。林德斯特伦(Lindstrom,1977)等采用肌电图的方法,研究肌肉疲劳随时间的变化关系,两者之间呈现指数函数变化关系。克恩斯(Konz,1998)研究了人因和疲劳之间的关系,给出了当员工产生疲劳时该如何维持高水平的生产率解决方案,即在工作和休息之间保持一个合理的平衡。存储分配过程中的订单拣选是一项耗费体力和脑力的工作,员工在长时间的工作中,极易产生疲劳,而疲劳引起拣选效率下降,巴蒂尼(Battini,2016)等针对此情形,利用双目标法,考虑人体能量消耗和订单拣选时间,解决了存储分配时人的长时间能量消耗引起的效率下降问题。里昂(Liang,2009)等建立了动态的肌肉疲劳测量模型,张(Zhang,2014)等采用最长持续工作时间的方法,对肌肉疲劳进行了测量。巴蒂尼等(2017)考虑员工在装卸及运输过程中的疲劳因素,将人因与传统批量模型结合在一起进行研究,建立了人因-批量模型,拓展了行为运作的研究内容。

尚倩(2013)提出了神经效率指标,探讨了心理疲劳对生产线上员工动态生产率的影响,其研究指出,员工"紧张的"负面情绪可以显著提升生产率,"痛苦的"负面情绪可以显著降低生产率,面对简单、重复、乏味的工作,女性相对于男性有较高的生产率。

奥兹图尔科格鲁和布芬(Öztürkoğlu and Bulfin, 2012)在研究疲劳和休息的关系时指出,工作时间越长,疲劳程度越高,进而降低生产率。吴和王(Wu and Wang, 2001)提出了员工可以承受的最长工作时间理论,也即在特定的劳动强度下,从开始工作到由于疲劳迫使工作停止时所持续的最长时间,他们还采用实验的方法模拟了当员工开始疲劳到停止工作所持续的时间。赵小松等(2012,2015)构建了单人工作-休息排程的数学模型,分析了当疲劳使得生产率动态减少时,如何优化生产排程。李普红(2012)考虑员工疲劳导致的生产率减少,在基于员工作业疲劳度的基础上对活塞生产线进行了规划研究,提出活塞生产线的作业疲劳评价体系,建立了作业疲劳多指标量化模型,引入了作业疲劳度平滑系数和平衡延迟率,用来反映作业疲劳负荷平衡程度和最佳的作业员工的数量。

贾比尔等(2013)将生产时间划分为工作时间和休息时间,建立了学习-遗忘-疲劳-恢复模型,不仅给出了工作和休息时间内的生产率曲线,而且给出了工作和休息时间内的疲劳程度曲线。在工作时间内,学习效应的存在使得单位产品的生产时间越来越短,且递减的速度越来越慢;在休息时间内,遗忘产生,单位产品的生产时间越来越长,但递增的速度越来越慢。在工作时间内,员工的疲劳程度越来越强,但疲劳程度的递增幅度越来越慢;在休息时间内,员工的疲劳程度减弱,且减弱的程度越来越慢。尽管贾比尔等(2013)对疲劳恢复曲线进行了深入的研究,但并没有直接给出疲劳和生产率之间的直接关系,也没有将提出的学习-遗忘-疲劳-恢复模型应用到生产-库存模型中。以往关于疲劳对动态生产率的研究,往往定性地指出疲劳会使生产率动态减少,并没有定量地指出疲劳和生产率之间的关系。

在实际的生产中,员工行为不仅有学习行为、遗忘行为、疲劳行为,还有反生产行为(Counterproductive Work Behavior，CWB)。反生产行为历来是一个普遍存在的隐性的问题，是一种对生产率产生负面作用的员工行为，是一种破坏行为。早在泰勒时期，就已经发现钢铁厂员工通过磨洋工的方法蓄意阻止生产率的提高。古恩(Gurn, 1988)通过问卷调查得知，约75%的员工承认自己曾经对组织实施过盗窃行为；哈珀(Harper, 1990)调查发现，美国企业中约有35%~55%的员工承认自己曾在工作中从事过蓄意破坏、造假、消极怠工、计算机诈骗、盗用公款等各种形式的反生产行为。

随着智能手机的普及，员工在工作时间玩手机的现象越来越普及。员工占用工作时间来处理个人私事，降低了工作效率。另外，手机或平板电脑等智能终端沟通导致的人际沟通降低，加强了新生代农民工的群体冷漠感。当新生代农民工感受到歧视、不公平待遇时，他们会在工作中消极怠工、故意延长休息时间。新生代农民工的反生产行为表现出越来越严重的趋势。彭贺(2010)运用定性分析的方法得到知识员工反生产行为的66种具体表现形式，将反生产行为分为4类。员工反生产行为的存在，侵犯了组织的利益，影响了组织的绩效，降低了全要素生产率(Lau等，2003；陈春花，2010；Chen, 2017)。

关于其他员工行为对生产率的影响，李红侠(2009)基于员工行为的测度指标(行为指向、行为强度、行为可持续性)，构建了知识服务型企业的包含知识生产率和顾客满意度的生产率测度模型，分析员工行为对生产率的影响。王益宝和王海艳(2013)指出，员工倦怠行为可明显降低生产率，影响企业绩效。

以上文献考虑了各种员工行为对动态生产率的直接或间接影响，并没有将员工行为导致的生产率变化情况应用到生产-库存优化模型中，以下文献将对此进行拓展。

2.2 考虑员工行为动态生产率的生产-库存优化

2.2.1 考虑员工学习行为的动态生产率生产-库存优化

联合经济批量模型(Joint Economic lot size model，JELS)又称生产-库

存联合优化模型(single-vendor single-buyer integrated production-inventory model，SVSB model)或生产-库存优化问题。其主要思想是：整合供应链的上下游——卖方(vendor)和买方(buyer)，使其进行联合决策，达到使系统平均成本最低的目的。联合经济批量模型最早由戈亚尔(1977)提出，将供应商和消费者进行集成决策，使得集成的联合成本最小。班纳吉(1986)在严格的确定性需求的假设条件上，拓展了联合经济批量模型的概念，建立了"批对批"策略下的联合经济批量模型，证实了合作决策有利于购买方和供应方。戈亚尔(1988)放松了"批对批"的假设，建立了供应方的生产量是订购量的整数倍的联合经济批量模型。以上三篇文献奠定了联合经济批量模型的基础，被广泛引用。

在已有研究的基础上，卢(Lu，1995)基于一个供货方多个购买方的现实情形，建立了单供应商多采购商的生产-库存联合优化模型。戈亚尔(1995)给出了卢(1995)模型的有效求解方法。和尔(Hill，1997)结合戈亚尔(1995)和卢(1995)的模型，给出了更为一般情形下的生产-库存联合优化模型，将相邻运输批次的运输量的比值作为一个决策变量，最优的比值处于1和生产率与需求率的比率之间。和尔(1999)建立了不等量运输的生产-库存联合优化模型，研究结果表明，最优的运输策略由等量运输和不等量运输策略构成。霍克(Hoque，2009)给出了和尔(1999)模型的替代性最优解求解方法。布拉利亚和扎瓦内拉(Braglia and Zavanella，2003)将和尔(1999)的模型拓展到寄售情形和延迟供货情形。周和王(2007)放宽了和尔(1999)模型中购买方单位库存成本比供货方单位库存成本要大的假设，假设两者的单位库存成本可以相同，也假设购买方单位库存成本比供货方单位库存成本要小，基于他们的假设，建立了允许缺货和产品存在变质过程的集成生产-库存优化模型。以上研究进一步丰富了生产-库存联合优化问题的研究。

长期的采购实践证明，JIT制造环境下供货方采用多批次小批量供货可以减少采购方的库存成本，同样供货方的库存成本也需要降低，有必要采取措施同时降低供货商和采购商的库存成本。在传统的丰田JIT环境下，一个供货商仅向一个采购商供货，并且供货商坐落在采购商附近，由此供货商的生产运作与采购商的生产运作保持同步。但现实的复杂性是，由于条件的限制，供货商与采购商的距离很远,采购商向多个供货商购买相同种类的产品,供货商向多个采购商供应不同类型的产品。班纳吉(Banerjee,1986)指出现实情形下的供给要复杂得多,其模型没有考虑 JIT 环境下的小批量供给问题。阿德罗洪木(Aderohunmu)等(1995)首次建立了多批次小批量的生产-库存联合优化模型,其假设供货商和采购商有一个长期的合作关系,供货商向采购商的供货不是"批对批"的策略,而是多批次小批量的供货策略,其研究结果与戈亚尔(1988)相比较可以降低成本,但戈亚尔(1997)质疑了成本比较的合理性。

阿德罗洪木等(1997a)对戈亚尔(1997)的质疑进行了明确的答复。阿德罗洪木等(1997a)指出尽管戈亚尔(1988)的模型中假设购买方的订购量是 Q 单位,供货商的生产量是 nQ 单位,但制造商是生产了 nQ 单位以后才供货,但阿德罗洪木等(1995)的模型中订单被拆解,采用多批次小批量供货策略,不需要等到生产完 nQ 单位以后才供货。尽管阿德罗洪木等(1995)的模型与戈亚尔(1988)的模型的假设条件不同,但依然可以从比较成本中得出采用多批次小批量供货策略可以降低成本的结论。霍夫曼(Hoffman,1997)指出阿德罗洪木等(1995)的模型没有考虑运输成本。阿德罗洪木等(1997b)指出了霍夫曼(1997)意见的合理性,给出了考虑运输成本的生产-库存联合优化模型。杨(Yang,2007)等也验证了在生产-库存联合优化模型中引入多批次小批量理念,相比于戈亚尔(1988)没有采用多批次小批量供货策略,采用多批次小批量供货策略时,制造商与零售商联合决策进行成本控制时,可大幅降低成本。萨拉梅和贾比尔(2000)在建立经典 EOQ(Economic order quantity)模型时,考虑了产品质量缺陷带来的影响。戈亚尔和卡德纳斯—巴伦(2002)对上述模型的求解方法进行了修正。基于萨拉梅和贾比尔的建模思想,黄(Huang,2004)考虑生产过程中的不完备性,在假设质量缺陷服从均匀分布的条件下,建立了产品存在质量缺陷的生产-库存联合优化模型。李英俊和陈志祥(2017)在不完善质量条件下,根据缺陷品的不同处理方法以及缺陷品是否可以接受,构建了不同情形下的生产-库存联合优化模型。陈和萨克尔(Chen and Sarker,2015)基于多批次少批量供货理念,建立了考虑循环取货的单制造商多供应商的库存路径模型,并采用启发式算法对所建模型进行了求解。

朱和萨尔基斯(Zhu and Sarkis,2004)采用实证的方法证明了多批次小批量供货策略的实施可以降低企业的库存成本,但多批次小批量供货策略的实施增加了供货方和购买方之间的运输次数,增加了能源消耗、碳排放和运输成本。瓦哈卜(2011)针对多批次小批量供货策略实施导致的碳排放在增加,建立了考虑碳排放的生产-库存优化模型。吉里和巴尔丹(Giri and Bardhan,2015)在寄售库存环境下,构建了购买商存储空间受限的需求依赖于库存水平的联合生产-库存优化模型。潘和萧(Pan and Hsiao,2005)对潘和杨(Pan and Yang,2002)的模型进行了拓展,建立了缺货时部分延期供给的生产-库存联合优化模型。杨和曾(Yang and Tseng,2014)采用潘和萧(2005)的方法计算缺货和赶工成本,采用楼和杨(Lo and Yang,2008)的方法计算机会成本和利息收入,探讨了在可控提前期下延期支付对三级生产-库存最优策略的影响。以上文献丰富了生产-库存联合优化模型的研究。之后诸多学者从质量不完备、不等量运输、模糊需求、学习效应等方面对生产-库存联合优化模型进行了进一步拓展。

库存的增加或减少将导致库存水平发生变化,生产率的变化直接导致库存增加的速度不同。而员工的学习行为使得生产率动态变化,这种动态变化的生产率给库存优化带来了难度。萨拉梅(1993)将怀特学习曲线引入经典EPQ模型中,其在建模过程中采用的是即时生产率的方法。贾比尔和萨拉梅(1995)将萨拉梅(1993)的模型拓展到允许缺货且缺货完全延期供给的EPQ模型中,其在建模过程中采用的是平均生产率的方法。周永务(1998,2002)将德容(De Jong,1957)的学习曲线模型应用到经济批量模型中。康斯坦塔拉斯等(2012)研究质量改善具有学习效应的允许缺货的缺陷品在有限与无限时区下的订货批量决策EOQ模型。卡尔等(2015)假设生产过程和生产准备过程中存在学习效应,考虑需求依赖于库存水平,在延期支付条件下,建立了变质产品的EPQ模型。阮平和黄勇富(2016)在考虑制造过程中存在学习效应时,将信用期和批量同时作为决策变量,且证明了此方法的可行性。他们通过研究指出,制造商给予购买商的信用期越长,制造商利润越大。

伏开放和陈志祥(2016)考虑允许缺货和不允许缺货两类情形,建立了产出率具有动态学习效应和需求依赖库存的EPQ模型。其他关于学习效应在

EPQ模型中的研究包括阿德勒和南达(Adler and Nanda,1974)、巴尔基(Balkhi,2003)、邱(Chiu)等(2003)、贾比尔和吉弗里达(2004)、阿拉姆里和巴尔基(2007)、贾比尔和班尼(2007)、贾比尔等(2009)、腾等(2014)。贾比尔和班尼(1999)对学习曲线在经济批量模型中的应用进行了综述。各种类型的学习曲线使得生产决策者无法选择合适的学习曲线进行生产批量决策,格罗斯等(2015)针对此情形对以往的学习曲线进行了定量分析,以供决策者选择合适的学习曲线类型。

以上研究文献主要将学习效应应用到单级的EPQ模型中。以下文献将学习效应拓展到两级生产-库存优化模型中。员工学习效应的存在,使得产品库存增加得越来越快,因而总库存成本将增加。此时,统筹考虑生产策略和供货策略,既可以将过多的库存及时出货,又可以充分发挥学习效应,使得生产率提升导致的成本降低(Glock,2011)。南达和纳姆(1992)在班纳吉(1986)的生产-库存优化模型基础上,率先将学习效应引入模型中,构建了生产率动态变化的联合优化模型。贾比尔等(2010)在考虑生产准备,缺陷品返工处理及生产率具有学习效应的基础上,建立了由供应商、制造商和零售商构成的三级生产-库存模型,并求解了集中决策与分散决策情形下的最优解。蔡(Tsai,2010)同时考虑生产过程中存在的学习效应和存储中存在的变质过程,构建了生产-库存联合优化模型,得到了最优的生产和供货策略。

汗(Khan)等(2012)建立了由供应商和制造商构成的两级生产-库存系统,制造商按经典EPQ模型的规律进行生产,供应商供给的原材料存在缺陷,制造商边生产边对原材料进行质检,在质检过程中存在两类质检误差,同时考虑制造商在生产过程中存在学习效应,构建了复杂的两级生产-库存系统。汗等(2014)考虑员工的学习效应和质检过程中存在的误差,对黄(2004)和汗等(2012)的模型进行了拓展,并分析了生产者风险和消费者风险对供货次数和单次供货量带来的影响。汗等(2014)仅考虑生产过程中存在的学习效应行为,没有考虑中断后的遗忘效应行为。陈和曹(2014)考虑生产率具有学习效应,建立了由制造商与零售商构成的两级生产-库存模型,并分别求解了纳什均衡、斯坦科尔伯格博弈、合作博弈三类情形下的最优策略。贾比尔和吉弗里达(2007)分别了讨论了当学习系数等于1、等于2、在1和2之间及大于2情形下的生产库存模型,且其在建模过程中放松了对单位存储成本为常数的假设,而是假设单位存储成本随学习效应的存在而减少。

伏开放和陈志祥(2017)不仅考虑生产过程中存在学习效应,还考虑提前期压缩过程中的学习效应,其研究指出,提前期并不是压缩得越短越好,而是选取合理。柏庆国和徐贤浩(2015)假设生产和订购过程中具有学习行为,建立了具有学习行为的极大化总利润函数,并给出了求解的最优策略。徐健腾等(2013)不仅假设生产制造过程中存在学习效应,而且假设分销过程中也存在学习效应,建立了两级生产-库存优化模型,给出了使得系统成本最低最优生产时间、订购时间及订购次数。扎诺尼(Zanoni,2012)等在建模过程中考虑供应商采用寄售策略来销售自己的产品,同时采用供应商管理库存(VMI)的方式管理库存。当采用 VMI 时,供应商保证不缺货,提高了服务水平。不论是供应商还是零售商均从 VMI 实施中获益。另外,假设供应商的员工在生产过程中存在学习效应,当生产中断后存在遗忘效应。根据配送的间隔时间是否相同,配送的数量是否相同,建立了五个模型,通过对五个模型的应用可以更好地管理库存。马哈塔(Mahata,2017)将生产准备成本、库存成本、延期供给成本、人工成本和原材料成本视为模糊数,将设备状态转移视为模糊随机变量,同时考虑生产过程中存在学习效应,建立了生产-库存联合优化模型。

2.2.2 考虑员工遗忘行为的动态生产率生产-库存优化

员工的学习行为使得生产率动态增加,而遗忘行为使得生产率动态减少。为了分析员工遗忘行为给生产-库存联合优化决策带来的影响,首先需要分析员工遗忘规律。卡里森(Carison,1976)假设遗忘指数依赖于已有的生产量,建立了 Variable regression to variable forgetting(VRVF)模型。埃尔玛格拉比(Elmaghraby,1990)在卡里森(1976)的模型的基础上,假设遗忘指数是常数,建立了 Variable regression to invariant forgetting(VRIF)模型。VRVF 模型和 VRIF 模型中的遗忘指数均为常数。

贾比尔和班尼(1996)提出了学习-遗忘曲线模型(LFCM),同时将 JB 学习-遗忘理论应用到经典 EPQ 模型中,并将其仿真实验数据与格洛伯森(Globerson,1989)等的模型进行了对比,发现两者具有一致性,误差不超过

1%。贾比尔和班尼(1997)对自身提出的 LFCM 模型与 VRVF 模型和 VRIF 模型进行了对比。三类模型比较的基准是是否满足下列两个假设：假设1，完全遗忘发生时单位产品的生产时间与第一件产品的生产时间相同；假设2，学习曲线和遗忘曲线交汇于生产中断的时间节点。LFCM 模型同时满足以上两个假设，VRVF 模型满足假设2不满足假设1，VRIF 模型满足假设1不满足假设2。

关于员工遗忘效应行为在生产-库存优化模型中的应用，主要集中在经典的 EPQ 模型中。另外，通常分析遗忘效应行为给生产批量决策带来的影响时，也会同时考虑学习效应行为带来的影响。凯奇和丰塔纳(Keachie and Fontana, 1966)根据学习效应产生的知识是否会存在转移，分为完全转移、不完全转移和部分转移三类情形，探讨了学习效应和遗忘效应对生产批量的影响，该文献首次将学习效应和遗忘效应应用到生产批量模型中。贾比尔和班尼(1998)将他们在 1996 年提出的 LFCM 曲线应用到经典 EPQ 模型中，其在建模过程中分有限计划期和无限计划期。贾比尔和班尼(2007)将贾比尔和凯尔(2002)提出的双相学习遗忘曲线应用到 Economic manufacture quantity (EMQ)模型中，研究表明，当忽略认知学习或技能学习时，在计算成本时会有较大的误差。其他关于遗忘效应行为在 EPQ 模型中的应用包括贾比尔和班尼(2003)、贾比尔和吉弗里达(2007)、贾比尔等(2009、2013)、卡泽米等(2015)。

员工遗忘效应行为在生产-库存系统中的应用包括：邱和陈(2005)考虑生产过程及生产准备过程中存在的学习效应和遗忘效应，假设遗忘率为常数，构建了供货时间间隔相同、供货数量不同的多维动态规划生产-库存优化模型；格洛克和贾比尔(2013a)同时考虑学习效应和遗忘效应，建立了缺陷品可以返工处理的多阶段的生产-库存模型；格洛克和贾比尔(2013b)构建了两级生产-库存优化系统，分析了不同的学习和遗忘参数对生产率的影响，并着重探讨了员工学习是如何转移生产的瓶颈的。

针对学习效应和遗忘效应仅仅应用在生产率变化方面，贾比尔和班尼(2003)拓展了学习效应和遗忘效应的应用范围，在批量模型中，将学习效应和遗忘效应应用到生产准备成本降低和质量改善方面。贾比尔等(2008)在萨拉梅和贾比尔(2000)的基础上,假设缺陷率的减少和产量之间满足一定的关系,缺陷率的递减过程具有一定的学习规律。针对以往学习效应的模型中,均没有考虑学习系数趋近于 1 或大于 1 时的情形,汗等(2010)在萨拉梅和贾比尔(2000)的基础上考虑质检过程中存在的学习效应,且根据学习效应产生的知识是否会存在转移,分为完全转移、不完全转移和部分转移三类情形,探讨了学习效应对质检产生的影响,发现在质检过程中知识保留得越多,利润越大。彼得森(Petersen,2009)假设在顾客定制化设计过程中存在异步随机学习现象,并采用真实的生产数据进行了仿真实验。叶春明(2015)利用行为实验研究方法,对作业者学习与遗忘时间进行了研究,构建了个人学习能力测量模型、个人禀赋要素对个人学习能力影响模型等。本书的研究建立在已有关于学习和遗忘的研究基础上,对现有关于学习和遗忘的研究进行了更深入的拓展。

疲劳会降低生产率。贾比尔等(2013)建立了学习-遗忘-疲劳-恢复模型,但其并没有将所建模型应用到 EPQ 模型中,更没有将所建模型应用到两级生产-库存模型中。关于疲劳的研究主要集中在疲劳的测量(Murata et al.,2005;吴群,2008;张晶,2010;李增勇等,2010;Touryan et al.,2013;蔡敏等,2016;陈建武等,2011)、疲劳的产生因素(龚成和张红波,2016;郭伏等,2017;Cagnie 等,2017;Zou 等,2017;Zhu 等,2017)以及这些因素对疲劳产生的影响,定性地说明疲劳将导致生产率下降,有关疲劳和生产率之间的定量关系的研究较少。

2.2.3 考虑员工疲劳行为的动态生产率生产—库存优化

员工疲劳行为的存在使得生产率动态减少,诸多学者(Okogbaa,1983;Bechtold,1988;Lindstrom 等,1997;于秀丽,2013)定量地研究了疲劳和生产率之间的关系,但并没有将这种疲劳引起的生产率变化引入库存优化模型中。贾比尔等(2013)将生产时间划分为工作时间和休息时间,建立了学习-遗忘-疲劳-恢复模型,但并没有将所提出的模型应用到生产库存模型中。伏开放和陈志祥(2017)将生产阶段划分为入门期、稳定期、疲劳期、休息期和后发期,对经典生产批量模型进行了拓展,他们的研究指出,生产准备成本、生产成本及单位时间单位产品存储成本的增加,不会优化生产系统内部结构,均会导致系统平均成本增加;需求的增大使得系统的平均成本呈现出先增大后减小的倒U型变化特征;疲劳得越迅速,生产率下降得越快,越需要更长的生产时间来满足需求。除以上文献,在生产-库存优化模型中考虑员工疲劳行为的研究少见。本书针对这方面的研究不足,考虑员工疲劳行为引起的生产率动态变化对生产-库存优化的影响。

2.3 本章小结

本章综述了与本研究相关的文献,首先,从生产-库存优化问题的形成进行综述,综述了该问题从提出到不断完善的过程。其次,对员工在工作中产生的行为进行分类,包括学习效应行为、遗忘效应行为、疲劳效应行为和反生产行为等,综述了这些员工行为对动态生产率产生的直接或间接影响。再次,综述了员工行为在动态生产率下的生产-库存优化研究,考虑员工的学习、遗忘和疲劳行为,依次综述了员工学习、遗忘和疲劳行为动态生产率的生产-库存优化模型。指明了现有研究的不足,提出了本研究的侧重点。

3

基于员工学习行为的
生产-库存联合优化

3.1 引　　言

　　长期的采购实践证明,JIT 制造环境下供货方采用多批次小批量供货可以减少采购方的库存成本,提高资源的配置效率。但这种多批次小批量的供货方式,使运输成本提高。另外,供货方的库存成本也需要降低,有必要采取措施同时降低供货方和采购方的库存成本。如何协调有关生产、库存与运输成本一直是 JIT 生产方式面临的现实问题。

　　员工在作业过程中,由于经验累积,随着生产量的增加,完成单位产品所需的作业时间越来越少,学术界称此类现象为学习效应。学习效应的存在,使得制造成本按照一定的规律递减,这为企业创造额外价值提供了条件。以往研究学习效应时,大多忽视了认知学习过程,或者干脆将认知学习与技能学习混在一起,使得所建学习曲线不能很好地贴近现实。所谓认知学习,是指人在认知过程中的学习,认知学习主要是一个信息交换过程,在信息交换过程中通过感知、注意、记忆和理解等方式获取信息。技能学习是指个体在操作过程中的学习,由于技能学习的存在,操作者熟练程度越来越高。生产制造人员在加工生产之前,需要花费大量的时间了解产品的结构组成、生产工艺等,在掌握了产品的相关知识后才进行加工制造,因此,在生产率改善学习曲线模拟中,考虑这种认知和技能学习效应是有现实意义的。

达尔-EL等(1995)通过分析大量的心理学和工业实践方面的文献,认为虽然WLC整合了学习过程中的认知因素和技能因素,但是WLC模型没有区分认知和技能学习。针对这个局限性,他们提出了双重(也叫双阶段)学习曲线模型,第1阶段为认知学习,第2阶段为技能学习。贾比尔和格洛克(2013)通过对初始生产时间的划分,改进了达尔-EL等人的模型,同时通过对大量的数据进行模拟分析,发现改进后的学习曲线更贴合实际情形。

根据Wright的学习曲线,趋于稳定后最佳的生产时间为零,但在实际生产中有一个最短的生产时间,不可能趋于零。基于认知学习和技能学习,采用本书提出的FCLCM曲线,可以避免此问题,在稳定生产后,生产时间趋于一个大于零的稳定值。

现有关于学习效应在库存领域的研究主要将学习效应应用于EOQ或EPQ模型,拓展到两级生产-库存模型的较少。国内外部分学者将学习效应和生产-库存问题结合在一起进行研究。汗等(2014)将学习效应拓展到黄(2004)的模型中,将学习效应应用到两级生产-库存模型中。但此类研究较少。

另外,产品的市场需求受诸多不确定因素的影响,相似产品的历史需求数据的可靠性越来越低,需求具有模糊性。在这种市场需求不断波动的条件下,想准确预测需求是很困难的。在企业内部,制造企业生产的产品质量不完备与生产率的波动等因素导致产出与计划有偏差,在这种多种因素不确定的生产条件下,传统的生产-库存决策优化模型应用价值就存在一定的局限性,因此,研究内外不确定性条件下的生产-库存问题就具有重要的理论与现实意义。

尽管国内外学者对生产-库存模型加入学习曲线和模糊需求的问题进行了一定的研究,但将模糊需求、质量缺陷、认知学习、技能学习和JIT生产-库存结合在一起的研究较少。本章基于员工作业过程中存在的学习效应,由于生产过程中的不完备导致的产品质量缺陷,零售商面临不确定的模糊需求,建立JIT生产-库存联合优化模型。

3 基于员工学习行为的生产-库存联合优化

尽管本章与黄(2004)、汗(2014)以及贾比尔和格洛克(2013)的研究密切相关,但与黄的不同之处在于,本章的侧重点在于讨论员工作业行为具有的学习效应对供货次数、单次供货量和平均成本的影响,以及员工作业过程中存在的认知学习和技能学习对供货次数、单次供货量和平均成本的影响。黄(2004)的模型并没有考虑员工作业过程中的学习效应;黄的模型假设需求为常数,而本书假设销售终端面临不确定的模糊需求,不确定的需求更贴合实际。本章与贾比尔和格洛克(2013)的不同在于:贾比尔和格洛克(2013)针对的是经典 EPQ 模型,而本章研究的是两级 JIT 生产-库存模型;贾比尔和格洛克(2013)针对的是单一利益主体,而本章延伸到两个利益主体;贾比尔和格洛克(2013)没有具体讨论认知学习与技能学习对最优策略的影响,本章重点分析了认知学习系数和技能学习系数变化对最小成本的影响。

本章建立的模型基于黄(2004)的模型以及潘和杨(2000)的方法。模型 1 与黄(2004)的不同在于考虑的是模糊需求;模型 2 与汗(2014)的不同在于考虑的是模糊需求;模型 3 基于 Wright 学习曲线,在模型 1 的基础上建立了平均生产率下的 Wright 联合生产-库存优化模型;模型 4 基于贾比尔和格洛克(2013)提出的 JGLCM,在模型 1 的基础上建立了 JGLCM 联合生产-库存优化模型;模型 5 基于作者提出的 FCLCM 曲线,在模型 1 的基础上建立了 FCLCM 联合生产-库存优化模型。本章的研究丰富了 JIT 生产-库存文献,也丰富了学习曲线理论。

本章 3.2 节为问题描述、符号说明与模型假设;3.3 节为员工作业行为不具有学习特征时的生产-库存联合优化模型;3.4 节为不同学习曲线下的生产-库存联合优化模型;3.5 节为模型的求解算法;3.6 节比较了各模型的求解结果;3.7 节为本章小结。

3.2 问题描述、符号说明与模型假设

某体育运动品牌企业[OEM 品牌商(Brand Corporation)]销售一类运动鞋,限于自身的生产能力,其设计出某款运动鞋的样品之后,将该款鞋的全部

生产业务外包给某鞋业有限公司[OEM 供应商(Supplier)]。OEM 供应商与 OEM 品牌商共同构成生产-库存系统。OEM 供应商收到 OEM 品牌商的订单后,需要组织作业员工学习运动鞋的生产工艺和过程。作业员工在了解产品相关工艺的过程中存在知识学习,在生产制造过程中存在技能学习。

对于 OEM 供应商而言,员工在生产过程中表现出的不完备行为使得运动鞋的质量存在瑕疵。对于 OEM 品牌商而言,其每次对 OEM 供应商供应的运动鞋进行质量检验,检测出的缺陷品由 OEM 供应商运回处理,合格品用于展柜销售。在一个生产周期内,OEM 供应商每间隔一段时间(T)向 OEM 品牌企业供货 1 次,单次供货量为 Q,一个生产周期内供货 n 次,一个生产周期内供货总量为 nQ 双。如图 3-1 所示为 OEM 供应商与 OEM 品牌商的运作流程。

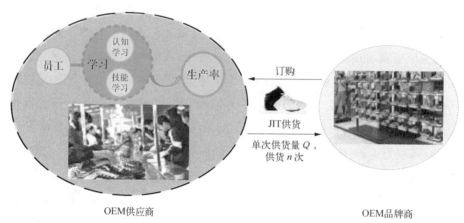

图 3-1　OEM 供应商与 OEM 品牌商运作流程示意图

本章面临的决策问题是:当 OEM 供应商的员工在作业过程中存在学习行为时,在一个生产周期内,确定最优的供货次数和单次供货量,使得系统平均成本最低。

本章模型的建立基于如下假设:

(1) 生产-库存系统由一个 OEM 供应商和一个 OEM 品牌商构成。OEM 品牌商委托 OEM 供应商生产一类运动鞋。由于员工作业过程中存在的不确定性,生产的运动鞋存在质量缺陷,缺陷率为常数 $\gamma(\%)$。

(2) OEM 供应商的员工在生产作业过程中存在学习行为。学习行为包括认知学习与技能学习,员工学习行为使得生产率动态变化。

(3) OEM 品牌商对 OEM 供应商供应的运动鞋进行 100% 质检,质检过程瞬时完成,OEM 品牌商的单位质检成本为 ϑ(元/单位)。经过质检后,OEM 品牌商可用于零售的合格品的数量为 Q。

(4) OEM 品牌商面临的需求为三角模糊数 $\tilde{D}$,其中,$\tilde{D} = (D - \Delta_1, D, D + \Delta_2)$,$0 < \Delta_1 < D$,$0 < \Delta_2$,$D - \Delta_1$ 为模糊需求的下限,D 为平均需求,$D + \Delta_2$ 为模糊需求的上限。在模糊需求 $\tilde{D}$ 的条件下,连续两次供货的时间间隔为 $T = Q(1-\gamma)/\tilde{D}$。

(5) 生产-库存系统不允许缺货,OEM 供应商有足够的生产能力来满足 OEM 品牌商的订单需要,即 $P > \dfrac{\tilde{D}}{1-\gamma}$,其中,$P$ 为 OEM 供应商员工作业效率,简记为员工生产率。

(6) OEM 品牌商承担运输成本,且每次运输的成本固定。

本章模型中用到的参数和变量定义如下:

涉及 OEM 供应商的参数和变量:

b:WLC 下的学习系数;

φ:学习效率;

b_c:认知学习系数;

b_m:技能学习系数;

b^*:员工作业行为具有认知学习和技能学习特征时的复合学习系数;

T_1:完成第一双运动鞋所需的生产时间;

T_p:员工作业行为不具有学习特征时的 1 个周期生产时间;

T_d:员工作业行为不具有学习特征时的 1 个周期非生产时间;

T_{iQ}:员工作业行为具有学习特征时的第 i 个周期第一次生产 Q 双运动鞋所需的时间;

T_{pi}:员工作业行为具有学习特征时的第 i 个周期生产时间;

T_{di}:员工作业行为具有学习特征时的第 i 个周期非生产时间;

$\tilde{D}$:面临的需求;

S_v：生产准备成本(元/年)；

h_v：单位产品单位时间存储成本[元/(单位·年)]；

v：OEM 供应商向 OEM 品牌商单位缺陷品质量保证成本(元/单位)；

n：一个生产周期内 OEM 供应商向 OEM 品牌商的供货次数(决策变量)；

Q：一个生产周期内 OEM 供应商每次向 OEM 品牌商的供货量(决策变量)；

Q_p：一个生产周期内的生产数量，$Q_p = nQ$；

c：生产成本(元/年)；

P：员工作业行为不具有学习特征时的生产率(单位/年)；

$\overline{P^w}$：员工作业行为具有 Wright 学习特征时的平均生产率(单位/年)；

$\overline{P^{cm}}$：员工作业行为具有知识学习与技能学习特征时的平均生产率(单位/年)。

涉及 OEM 品牌商的参数和变量：

S_B：订购费(元/次)；

F：每次运输的固定成本(元/次)；

ϑ：单位质检成本(元/次)；

h_B：单位产品单位时间存储成本[元/(单位·年)]。

3.3 员工作业行为不具有学习特征时的生产-库存联合优化(模型 1)

3.3.1 OEM 供应商成本模型

员工作业行为不具有学习特征时的生产-库存成本模型是本章研究的基础，为建立后续其他的模型提供参考。图 3-2(a)反映了 OEM 供应商在一个生产周期内的实际库存水平随时间变化的情况；图 3-2(b)中实线部分为 OEM 供应商在不供货情形下，累计库存水平随时间变化的情况，阴影部分表示 OEM 供应商向 OEM 品牌商的累计供货库存。

一个生产周期的时间包括生产时间和非生产时间。生产时间 $T_p = \dfrac{nQ}{P}$，非生产时间 $T_d = nT - \dfrac{nQ}{P}$。图 3-2 中 DE 时间长度为 $T - \dfrac{Q}{P}$，其中，$T = \dfrac{(1-\gamma)Q}{\widetilde{D}}$。$CD$ 时间长度为 $(n-1)\left[\dfrac{Q(1-\gamma)}{\widetilde{D}} - \dfrac{Q}{P}\right]$。图 3-2(b)中三角形 ACH 的面积为 $\dfrac{n^2Q^2}{2P}$，四边形 $CDIH$ 的面积为 $n(n-1)Q^2\left(\dfrac{1-\gamma}{\widetilde{D}} - \dfrac{1}{P}\right)$，阴影部分的面积为 $\dfrac{n(n-1)(1-\gamma)Q^2}{2\widetilde{D}}$。OEM 供应商的平均库存为：

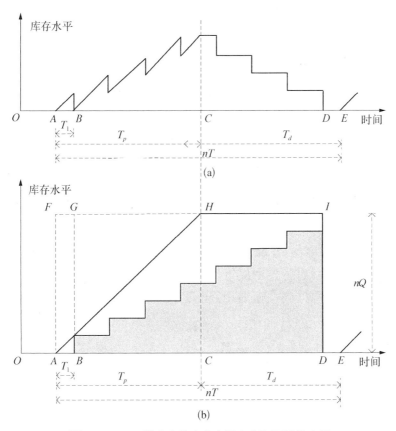

图 3-2　**OEM 供应商的库存水平变化和累计供应图**

$$\frac{n^2Q^2}{2P}+n(n-1)Q^2\left(\frac{1-\gamma}{\widetilde{D}}-\frac{1}{P}\right)-\frac{n(n-1)(1-\gamma)Q^2}{2\widetilde{D}} \quad (3-1)$$

OEM 供应商在一个生产周期内的总成本为：

$$TC_v(n,Q)=S_v+vnQ\gamma+c\frac{nQ}{P}+$$

$$h_v\left[\frac{n^2Q^2}{2P}+n(n-1)Q^2\left(\frac{1-\gamma}{\widetilde{D}}-\frac{1}{P}\right)-\frac{n(n-1)(1-\gamma)Q^2}{2\widetilde{D}}\right]$$

$$(3-2)$$

式(3-2)中的第一项为生产准备成本，第二项为缺陷品质量保证成本，第三项为生产成本，第四项为存储成本。

3.3.2 OEM 品牌商成本模型

OEM 品牌商采用连续检查库存控制策略进行库存控制。考虑员工作业行为不确定导致的质量缺陷因素，一次供货后 OEM 品牌商的平均库存为 $\frac{(1-\gamma)^2Q^2}{2\widetilde{D}}$。在一个生产周期内，OEM 供应商供货 n 次的条件下，品牌企业的年总成本为：

$$TC_B(n,Q)=S_B+nF+\vartheta nQ+\frac{nh_B(1-\gamma)^2Q^2}{2\widetilde{D}} \quad (3-3)$$

式(3-3)中的第一项为订购成本，第二项为运输成本，第三项为质检成本，第四项为存储成本。

当 OEM 品牌商与 OEM 供应商构成一个虚拟利益体时，该虚拟利益体能够从整体利益出发，进行集中决策，作出使生产-库存系统成本最小的决策。当员工作业行为不具有学习特征时，集成生产-库存系统的总成本为：

$$TC(n,Q)=TC_v(n,Q)+TC_B(n,Q)$$

$$=S_v+vnQ\gamma+c\frac{nQ}{P}+S_B+nF+\vartheta nQ+\frac{nh_B(1-\gamma)^2Q^2}{2\widetilde{D}}+$$

$$h_v\left[\frac{n^2Q^2}{2P}+n(n-1)Q^2\left(\frac{1-\gamma}{\widetilde{D}}-\frac{1}{P}\right)-\frac{n(n-1)(1-\gamma)Q^2}{2\widetilde{D}}\right]$$

$$(3-4)$$

员工作业行为不具有学习特征时,集成生产-库存系统的年平均成本为:

$$ATC(n,Q) = \frac{TC(n,Q)}{nT} = \frac{\widetilde{D}(S_B+S_v+nF)}{n(1-\gamma)Q} + \frac{\widetilde{D}(\vartheta+v\gamma)}{1-\gamma} + \frac{c\widetilde{D}}{P(1-\gamma)} +$$

$$\frac{h_B Q(1-\gamma)}{2} + h_v Q\left[\frac{2\widetilde{D}-n\widetilde{D}}{2P(1-\gamma)} + \frac{n-1}{2}\right] \qquad (3\text{-}5)$$

在式(3-5)中,由于需求是模糊的,因此,系统平均成本是一个模糊函数。为了得到最优的供货次数和单次供货量,需要对 $ATC(n,Q)$ 进行逆模糊化处理。令 $\widetilde{U}(n,Q) = ATC(n,Q)$,采用符号距离法对 $\widetilde{U}(n,Q)$ 进行逆模糊化处理。$\widetilde{U}(n,Q)$ 到 $\widetilde{0}_1$ 的符号距离为:

$$d[\widetilde{U}(n,Q), \widetilde{0}_1] = d(\widetilde{D}, \widetilde{0}_1)\left[\frac{S_B+S_v+nF}{n(1-\gamma)Q} + \frac{\vartheta+v\gamma}{1-\gamma} + \frac{c}{P(1-\gamma)} + \frac{h_v Q(2-n)}{2P(1-\gamma)}\right] +$$

$$\frac{h_B Q(1-\gamma)}{2} + \frac{h_v Q(n-1)}{2} \qquad (3\text{-}6)$$

式(3-6)中的 $d(\widetilde{D}, \widetilde{0}_1)$ 为 $\widetilde{D}$ 到 $\widetilde{0}_1$ 的符号距离,根据三角模糊数的符号距离的计算法则,有:

$$d(\widetilde{D}, \widetilde{0}_1) = \frac{1}{4}[(D-\Delta_1) + 2D + (D+\Delta_2)] = D + \frac{1}{4}(\Delta_2 - \Delta_1)$$
$$(3\text{-}7)$$

将式(3-7)代入式(3-6),令 $U(n,Q) = d[\widetilde{U}(n,Q), \widetilde{0}_1]$,有:

$$U(n,Q) = \left[D + \frac{1}{4}(\Delta_2 - \Delta_1)\right]\left[\frac{S_B+S_v+nF}{n(1-\gamma)Q} + \frac{\vartheta+v\gamma}{1-\gamma} + \frac{c}{P(1-\gamma)} + \frac{h_v Q(2-n)}{2P(1-\gamma)}\right] + \frac{h_B Q(1-\gamma)}{2} + \frac{h_v Q(n-1)}{2} \qquad (3\text{-}8)$$

命题 3-1 给定供货次数 n,$U(n,Q)$ 是关于 Q 的凸函数,存在唯一的 $Q^*(n)$ 使得 $U(n,Q)$ 最小。

证明: 对 $U(n,Q)$ 求关于 Q 的一阶偏导数和二阶偏导数,有:

$$\frac{\partial U(n,Q)}{\partial Q} = \left[D + \frac{1}{4}(\Delta_2 - \Delta_1)\right]\left[-\frac{S_B + S_v + nF}{n(1-\gamma)Q^2} + \frac{h_v(2-n)}{2P(1-\gamma)}\right] +$$

$$\frac{h_B(1-\gamma)}{2} + \frac{h_v(n-1)}{2}$$

$$\frac{\partial^2 U(n,Q)}{\partial Q^2} = \left[D + \frac{1}{4}(\Delta_2 - \Delta_1)\right]\frac{2(S_B + S_v + nF)}{n(1-\gamma)Q^3}$$

显然，$\frac{\partial^2 U(n,Q)}{\partial Q^2} > 0$，当给定 n，$U(n,Q)$ 是关于 Q 的凸函数。令 $\frac{\partial U(n,Q)}{\partial Q} = 0$，可得：

$$Q^*(n) = \sqrt{\frac{2P(S_B + S_v + nF)[D + (\Delta_2 - \Delta_1)/4]}{n\{[D + (\Delta_2 - \Delta_1)/4]h_v(2-n) + Ph_B(1-\gamma)^2 + h_vP(n-1)(1-\gamma)\}}},$$

从而给定 n，$U(n,Q)$ 是关于 Q 的凸函数，存在唯一的 $Q^*(n)$ 使得 $U(n,Q)$ 最小。证毕。

命题 3-2 松弛 n 为连续变量，给定 Q，$U(n,Q)$ 是关于 n 的凸函数。

证明：对 $U(n,Q)$ 求关于 n 的一阶偏导数和二阶偏导数，有：

$$\frac{\partial U(n,Q)}{\partial n} = \left[D + \frac{1}{4}(\Delta_2 - \Delta_1)\right]\left\{-\frac{(S_B + S_v)}{n^2(1-\gamma)Q} - \frac{h_vQ}{2P(1-\gamma)}\right\} + \frac{h_vQ}{2}$$

$$\frac{\partial^2 U(n,Q)}{\partial n^2} = \left[D + \frac{1}{4}(\Delta_2 - \Delta_1)\right]\frac{2(S_B + S_v)}{n^3(1-\gamma)Q}$$

显然，$\frac{\partial^2 U(n,Q)}{\partial n^2} > 0$，故给定 Q，$U(n,Q)$ 是关于 n 的凸函数。

由于 OEM 供应商的供货次数 n 为整数，n^* 需满足下列条件：

$$U[n^*, Q^*(n^*)] \leqslant U[n^*+1, Q^*(n^*+1)] \quad (3-9)$$

$$U[n^*, Q^*(n^*)] \leqslant U[n^*-1, Q^*(n^*-1)] \quad (3-10)$$

3.4 员工作业行为具有学习特征时的生产-库存联合优化

3.4.1 即时生产率下的 Wright(IW)联合优化模型(模型 2)

根据 Wright 学习曲线理论,第 x 件产品的作业工时为 $T_x = T_1 x^{-b}$,其中,T_1 为完成第一件产品所需要的生产时间。学习系数 b 和学习效率 φ 之间满足关系式 $b = -\log\varphi/\log 2$。φ 的范围在 $50\% \sim 100\%$,对应 b 的范围在 $1 \sim 0$。

设第一件产品的生产时间为 K,在 Wright 学习理论下,一批 x 件产品的作业总工时为:

$$t(X) = \int_0^X Kx^{-b}\mathrm{d}x = \frac{Kx^{1-b}}{1-b} \tag{3-11}$$

当员工作业行为具有 Wright 学习特征时,在一个生产周期内,OEM 供应商的实际库存水平随时间变化情况见图 3-3(a)。当 OEM 供应商不向 OEM 品牌商供货时,OEM 供应商的累计库存随时间变化的情况可由图 3-3(b)中的实线来表示。当 OEM 供应商向 OEM 品牌商供货时,OEM 供应商的累计供货库存可由图 3-3(b)中的阴影部分来表示。

依据式(3-11),在第 i 个周期,第一批 Q 数量产品所需要的生产时间 T_{iQ} 为:

$$T_{iQ} = \int_{(i-1)nQ}^{Q+(i-1)nQ} T_1 m^{-b}\mathrm{d}m = \frac{T_1 Q^{1-b}\{[1+(i-1)n]^{1-b}-[(i-1)n]^{1-b}\}}{1-b} \tag{3-12}$$

第 i 个周期,总的生产时间 T_{pi} 为:

$$T_{pi} = \int_{(i-1)nQ}^{inQ} T_1 m^{-b}\mathrm{d}m = \frac{T_1(nQ)^{1-b}[i^{1-b}-(i-1)^{1-b}]}{1-b} \tag{3-13}$$

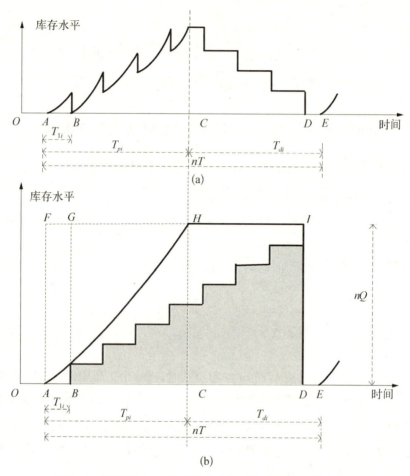

图 3-3　WLC 下 OEM 供应商的库存水平变化和累计供应图

当 OEM 供应商不向 OEM 品牌商供货时,对式(3-12)进行变形,可得 OEM 供应商累计库存水平随时间变化的关系为:

$$I(t)=\left\{\frac{t(1-b)}{T_1[i^{1-b}-(i-1)^{1-b}]}\right\}^{\frac{1}{1-b}} \quad (3\text{-}14)$$

图 3-3 中 CD 的时间长度为 $nT-T_{pi}-(T-T_{iQ})$,四边形 $CDIH$ 的面积为 $nQ[nT-T_{pi}-(T-T_{iQ})]$,从而可知 OEM 供应商在非生产时间内的平均库存为:

$$nQ\left\{\frac{(n-1)(1-\gamma)Q}{\widetilde{D}}-\frac{T_1(nQ)^{1-b}[i^{1-b}-(i-1)^{1-b}]}{1-b}+\right.$$

$$\left.\frac{T_1Q^{1-b}\{[1+(i-1)n]^{1-b}-[(i-1)n]^{1-b}\}}{1-b}\right\} \tag{3-15}$$

近似三角形 ACH 的面积为：

$$\int_0^{T_{pi}}I(t)\mathrm{d}t=\frac{T_1[i^{1-b}-(i-1)^{1-b}](nQ)^{2-b}}{2-b}$$

图 3-3(b) 中非阴影部分的面积等于"近似三角形 ACH 的面积＋四边形 CDIH 的面积－阴影部分的面积"，从而 OEM 供应商在第 i 个周期的库存成本为：

$$\begin{aligned}IC_{vi}=&h_v\frac{T_1[i^{1-b}-(i-1)^{1-b}](nQ)^{2-b}}{2-b}+\\&h_vnQ\frac{T_1Q^{1-b}\{[1+(i-1)n]^{1-b}-[(i-1)n]^{1-b}\}}{1-b}+\\&h_vnQ\left[\frac{(n-1)(1-\gamma)Q}{\widetilde{D}}-\frac{T_1(nQ)^{1-b}[i^{1-b}-(i-1)^{1-b}]}{1-b}\right]-\\&h_v\frac{n(n-1)(1-\gamma)Q^2}{2\widetilde{D}}\end{aligned} \tag{3-16}$$

在即时生产率下，OEM 供应商在第 i 个周期的总成本为：

$$\begin{aligned}TC_i^{\mathrm{IW}}(n,Q)=&S_v+vnQ\gamma+c\frac{T_1(nQ)^{1-b}[i^{1-b}-(i-1)^{1-b}]}{1-b}+\\&h_vnQ\frac{T_1Q^{1-b}\{[1+(i-1)n]^{1-b}-[(i-1)n]^{1-b}\}}{1-b}+\\&h_v\frac{T_1[i^{1-b}-(i-1)^{1-b}](nQ)^{2-b}}{2-b}+\\&h_vnQ\left[\frac{(n-1)(1-\gamma)Q}{2\widetilde{D}}-\frac{T_1(nQ)^{1-b}[i^{1-b}-(i-1)^{1-b}]}{1-b}\right]\end{aligned}$$
$$\tag{3-17}$$

式(3-17)中的第一项为生产准备成本，第二项为缺陷品质量保证成本，第三项为生产成本,第四、五、六项为存储成本。

在式(3-17)中,需求是模糊的,因此,考虑 OEM 品牌商的成本后,整个生产-库存系统的成本也是模糊的,在求得模糊的系统平均成本后,需要进行逆模糊化处理。采用 3.3 节的逆模糊化处理方法,第 i 个周期生产-库存系统的逆模糊化年平均成本为:

$$U_i^{\text{IW}}(n,Q) = \frac{D+(\Delta_2-\Delta_1)/4}{1-\gamma}\left\{\frac{S_v+S_B+nF}{nQ}+v\gamma+\vartheta+\right.$$
$$c\frac{T_1(nQ)^{-b}[i^{1-b}-(i-1)^{1-b}]}{1-b} - h_v\frac{T_1[i^{1-b}-(i-1)^{1-b}](nQ)^{1-b}}{(2-b)(1-b)}+$$
$$h_v\frac{T_1Q^{1-b}\{[1+(i-1)n]^{1-b}-[(i-1)n]^{1-b}\}}{1-b}\right\}+$$
$$\frac{(n-1)h_vQ}{2}+\frac{h_B(1-\gamma)Q}{2} \tag{3-18}$$

命题 3-3 给定 n,当 $i>1, n>1$ 时,$U_i^{\text{IW}}(n,Q)$ 是关于 Q 的凸函数,存在唯一的 $Q^*(n)$ 使得 $U_i^{\text{IW}}(n,Q)$ 最小。

证明:

$$\frac{\partial U_i^{\text{IW}}(n,Q)}{\partial Q} = \frac{D+(\Delta_2-\Delta_1)/4}{1-\gamma}\left\{-\frac{S_v+S_B+nF}{nQ^2}+\right.$$
$$c(-b)\frac{T_1n^{-b}Q^{-b-1}[i^{1-b}-(i-1)^{1-b}]}{1-b}-$$
$$h_v\frac{T_1[i^{1-b}-(i-1)^{1-b}]n^{1-b}Q^{-b}}{(2-b)}+h_vT_1Q^{-b}\{[1+$$
$$(i-1)n]^{1-b}-[(i-1)n]^{1-b}\}\right\}+\frac{(n-1)h_v}{2}+\frac{h_B(1-\gamma)}{2}$$

$$\frac{\partial^2 U_i^{\text{IW}}(n,Q)}{\partial Q^2} = \frac{D+(\Delta_2-\Delta_1)/4}{1-\gamma}\left\{\frac{2(S_v+S_B+nF)}{nQ^3}+cb(1+\right.$$
$$b)\frac{T_1n^{-b}Q^{-b-2}[i^{1-b}-(i-1)^{1-b}]}{1-b}+$$

$$\frac{h_v b T_1 Q^{-b-1}[i^{1-b}n^{1-b}-(i-1)^{1-b}n^{1-b}]}{(2-b)} - $$

$$\frac{(2-b)bh_v T_1 Q^{-b-1}\{[1+(i-1)n]^{1-b}-[(i-1)n]^{1-b}\}}{(2-b)} \Bigg\}$$

当 $i>1$，$n>1$ 时，显然有 $\dfrac{\partial^2 U_i^{\text{IW}}(n,Q)}{\partial Q^2}>0$，令 $\dfrac{\partial U_i^{\text{w}}(n,Q)}{\partial Q}=0$，利用一维搜索方法可得 $Q^*(n)$。

当员工作业行为具有 Wright 学习特征时，OEM 供应商向 OEM 品牌商的供货次数 n 为整数，最优的供货次数同样应满足式(3-9)与式(3-10)。

3.4.2 平均生产率下的 Wright(AW)联合优化模型(模型 3)

模型 2 在建模的过程中采用的是即时生产率的方法，每一时刻的生产率均不同。本节采用平均生产率的方法，在任意生产周期内，该生产周期内的生产率采用平均生产率。根据式(3-13)可知，OEM 供应商在第 i 个周期的生产时间为：

$$T_{pi}^{\text{AW}}=\int_{(i-1)nQ}^{inQ} T_1 m^{-b}\mathrm{d}m = \frac{T_1(nQ)^{1-b}[i^{1-b}-(i-1)^{1-b}]}{1-b} \qquad (3\text{-}19)$$

根据平均生产率的定义，OEM 供应商在第 i 个周期生产 Q_p 数量产品的平均生产率为：

$$\overline{P^{\text{AW}}} = \frac{Q_p}{T_{pi}^{\text{AW}}} = \frac{(nQ)^b(1-b)}{T_1[i^{1-b}-(i-1)^{1-b}]} \qquad (3\text{-}20)$$

将式(3-8)中的 P 用 $\overline{P^{\text{AW}}}$ 替换，可得当员工作业行为具有 Wright 学习特征时，基于平均生产率的集成生产-库存系统的年平均成本为：

$$U_i^{\text{AW}}(n,Q) = \left[D+\frac{1}{4}(\Delta_2-\Delta_1)\right]\Bigg\{\frac{S_B+S_v+nF}{nQ(1-\gamma)} + \frac{\vartheta+v\gamma}{1-\gamma} + $$

$$\frac{cT_1(nQ)^{-b}[i^{1-b}-(i-1)^{1-b}]}{(1-b)(1-\gamma)} + \frac{h_v n^{-b}Q^{-b}(2-n)T_1[i^{1-b}-(i-1)^{1-b}]}{2(1-b)(1-\gamma)}\Bigg\} + $$

$$\frac{h_B Q(1-\gamma)}{2} + h_v Q \frac{(n-1)}{2} \tag{3-21}$$

通过3.5节所描述的求解算法可得最优的供货次数和单次供货量。

3.4.3 认知学习与技能学习(JGLCM)下的联合优化模型(模型4)

3.4.1小节与3.4.2小节建立了员工作业行为具有Wright学习特征的成本模型,在考虑员工作业行为的学习特征时,忽视了认知学习过程,或者干脆将认知学习过程与技能学习过程混在一起。由于员工在作业过程中需要花费更多的时间阅读与产品相关的工艺资料,弄清产品的加工过程,若采用Wright学习曲线预估成本,得到的结果将会低于实际情形。因此,有必要将员工作业过程中的学习行为进行细分。本小节将员工作业行为中的学习分为认知学习与技能学习。

员工作业行为中的认知学习是指员工在作业过程中对显性和隐性知识的学习过程。认知学习主要是一个信息交换过程,在信息交换过程中通过感知、注意、记忆和理解等方式获取信息。员工作业行为具有的技能学习特征是指个体在作业过程中技能熟练程度越来越高。图3-4显示了员工作业行为的认知学习与技能学习过程。

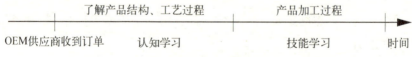

图3-4 员工作业行为的认知学习与技能学习过程

达尔-EL等(1995)基于员工作业行为的认知学习与技能学习特征,扩展了Wright学习曲线形式,提出了认知学习与技能学习下的双重学习特征的学习曲线模型(Dual-phase learning curve model, DPLCM)。当员工作业行为具有的学习特征符合DPLCM模型时,完成第x件产品所需的作业工时为:

$$T_x = (T_1^c + T_1^m) x^{-b^*} = T_1^c x^{-b_c} + T_1^m x^{-b_m} \tag{3-22}$$

式(3-22)中,T_1^c为员工作业行为只存在认知学习特征时,完成第一件产品所需的生产时间;T_1^m为员工作业行为只存在技能学习特征时,完成第一件产品所需的生产时间。其中,复合学习系数 b^* 与认知学习系数 b_c 和技能学习系数 b_m 的关系满足式(3-23)。

$$b^* = b_c - \frac{\log[(\hbar + n^{b_c - b_m})/(\hbar + 1)]}{\log n} \quad (3-23)$$

式(3-23)中,$\hbar = T_1^c / T_1^m$。贾比尔和格洛克(2013)通过对初始生产时间的划分,改进了达尔-EL 等人的模型,提出了 Jaber-Glock 学习曲线模型 (Jaber-Glock learning curve model,JGLCM)。通过对大量的数据进行模拟分析,发现改进后的 JGLCM 更贴合实际情形。当员工作业行为具有的学习特征符合 JGLCM 模型时,完成第 x 件产品所需的工时为:

$$T_x = \alpha T_1 x^{-b_c} + (1-\alpha) T_1 x^{-b_m} \quad (3-24)$$

式(3-24)中,α 表示认知学习所占时间的比例,$1-\alpha$ 表示技能学习所占时间的比例。令 $\lambda = \alpha/(1-\alpha)$,本书称 λ 为初始认知技能系数,简称认技系数。

当员工作业行为具有的学习特征符合 JGLCM 模型时,在第 i 个周期完成 Q_p 数量的产品所需的生产时间为:

$$\begin{aligned} T_{pi}^{\text{JGCM}} &= \int_{(i-1)Q_p}^{iQ_p} [\alpha T_1 x^{-b_c} + (1-\alpha) T_1 x^{-b_m}] dx \\ &= \frac{\alpha T_1 Q_p^{1-b_c} [i^{1-b_c} - (i-1)^{1-b_c}]}{1-b_c} + \frac{(1-\alpha) T_1 Q_p^{1-b_m} [i^{1-b_m} - (i-1)^{1-b_m}]}{1-b_m} \end{aligned}$$

$$(3-25)$$

第 i 个周期完成 Q_p 数量产品的平均生产率为:

$$\begin{aligned} \overline{P^{\text{JGCM}}} &= \frac{Q_p}{T_{pi}^{\text{JGCM}}} \\ &= \frac{(1-b_m)(1-b_c)}{\alpha T_1 (1-b_m) Q_p^{-b_c} [i^{1-b_c} - (i-1)^{1-b_c}] + (1-\alpha) T_1 (1-b_c) Q_p^{-b_m} [i^{1-b_m} - (i-1)^{1-b_m}]} \end{aligned}$$

$$(3-26)$$

当员工作业行为具有的学习特征符合 JGLCM 模型时,将式(3-8)中的 P

用 $\overline{P^{\text{JGCM}}}$ 替换,可得集成生产-库存系统的逆模糊化年平均成本为:

$$U_i^{\text{JGCM}}(n, Q) = \left[D + \frac{1}{4}(\Delta_2 - \Delta_1)\right]$$

$$\left\{\frac{S_B + S_v + nF}{nQ(1-\gamma)} + \frac{\vartheta + v\gamma}{1-\gamma} + \frac{c}{\overline{P^{\text{JGCM}}}(1-\gamma)} + \frac{h_v Q(2-n)}{2\overline{P^{\text{JGCM}}}(1-\gamma)}\right\} +$$

$$\frac{h_B Q(1-\gamma)}{2} + h_v Q \frac{(n-1)}{2} \tag{3-27}$$

通过 3.5 节所描述的求解算法可得最优的供货次数和单次供货量。

3.4.4 改进的认知学习与技能学习(FCLCM)下的联合优化模型(模型5)

在产品的整个生产作业过程中,有一部分生产时间既不受认知学习的影响,也不受技能学习的影响,该部分生产时间是保证完成产品作业的最短时间。基于此,本书对 JGLCM 模型进行了改进,构建了 Fu-Chen 学习曲线模型(Fu-Chen learning curve model, FCLCM)。当员工作业行为具有的学习特征符合 FCLCM 模型时,完成第 x 件产品所需的工时为:

$$T_x = \delta T_1 + \beta T_1 x^{-b_c} + (1-\beta-\delta)T_1 x^{-b_m} \tag{3-28}$$

式(3-28)中,T_1 表示当员工作业行为不具有学习特征时完成第一件产品所需要的生产时间;δ 为完成一件产品的过程中既不存在认知学习也不存在技能学习的时间比例;β 表示认知学习所占时间的比例;$1-\beta-\delta$ 表示技能学习所占时间的比例。当 $\delta = 0$ 时,FCLCM 模型退化为 JGLCM 模型。可以认为 JGLCM 模型是 FCLCM 模型的特例。

当员工作业行为具有的学习特征符合 FCLCM 模型时,在第 i 个周期完成 Q_p 数量的产品所需的生产时间为:

$$T_{pi}^{\text{FCCM}} = \int_{(i-1)Q_p}^{iQ_p} [\delta T_1 + \beta T_1 x^{-b_c} + (1-\beta-\delta)T_1 x^{-b_m}] \mathrm{d}x$$

$$= \delta T_1 Q_p + \frac{\beta T_1 Q_p^{1-b_c}[i^{1-b_c} - (i-1)^{1-b_c}]}{1-b_c} +$$

$$\frac{(1-\beta-\delta)T_1 Q_p^{1-b_m}\left[i^{1-b_m}-(i-1)^{1-b_m}\right]}{1-b_m} \tag{3-29}$$

在 FCLCM 学习效应下，第 i 个周期完成 Q_p 数量产品的平均生产率为：

$$\overline{P^{\text{FCCM}}} = \frac{Q_p}{T_{pi}^{\text{FCCM}}}$$

$$= \frac{(1-b_m)(1-b_c)}{\delta T_1(1-b_m)(1-b_c)+\beta T_1 Q_p^{-b_c}(1-b_m)\left[i^{1-b_c}-(i-1)^{1-b_c}\right]+(1-\beta-\delta)(1-b_c)T_1 Q_p^{-b_m}\left[i^{1-b_m}-(i-1)^{1-b_m}\right]} \tag{3-30}$$

将式(3-8)中的 P 用 $\overline{P^{\text{FCCM}}}$ 替换，可得 FCLCM 学习效应下的集成生产-库存系统的逆模糊化年平均成本为：

$$U_i^{\text{FCCM}}(n,Q) = \left[D+\frac{1}{4}(\Delta_2-\Delta_1)\right]\left\{\frac{S_B+S_v+nF}{nQ(1-\gamma)}+\frac{\vartheta+v\gamma}{1-\gamma}+\frac{c}{\overline{P^{\text{FCCM}}}(1-\gamma)}+\right.$$

$$\left.\frac{h_v Q(2-n)}{2\overline{P^{\text{FCCM}}}(1-\gamma)}\right\}+\frac{h_B Q(1-\gamma)}{2}+h_v Q\frac{(n-1)}{2} \tag{3-31}$$

性质 3-1 $\overline{P^{\text{AW}}} > \overline{P^{\text{JGCM}}} > \overline{P^{\text{FCCM}}}$

由后续算例分析知，性质 3-1 显然成立。

3.5 FCLCM 下的生产-库存联合优化模型求解算法

因 $U_i^{\text{IW}}(n,Q)$、$U_i^{\text{AW}}(n,Q)$、$U_i^{\text{JGCM}}(n,Q)$ 与 $U_i^{\text{FCCM}}(n,Q)$ 高度非线性，这里无法给出使得 $U_i^{\text{IW}}(n,Q)$、$U_i^{\text{AW}}(n,Q)$、$U_i^{\text{JGCM}}(n,Q)$ 与 $U_i^{\text{FCCM}}(n,Q)$ 达到最小的最优供货次数和单次供货量的解。求解 $U_i^{\text{IW}}(n,Q)$、$U_i^{\text{AW}}(n,Q)$、$U_i^{\text{JGCM}}(n,Q)$、$Q)$ 与 $U_i^{\text{FCCM}}(n,Q)$ 的算法相同，这里仅给出求解 $U_i^{\text{FCCM}}(n,Q)$ 的算法。

Step1：令 $i=1$；

Step2：令 $Z_1(n,Q)=\dfrac{\partial U_i^{\text{FCCM}}(n,Q)}{\partial n}$，$Z_2(n,Q)=\dfrac{\partial U_i^{\text{FCCM}}(n,Q)}{\partial Q}$，允

许误差为 e，$[n(j), Q(j)]$ 表示第 j 次迭代代入 (n, Q) 的值；

Step3：给定初始值 $[n(j), Q(j)]$，从 $j=1$ 开始；

Step4：分别计算 $Z_1[n(j), Q(j)]$，$Z_2[n(j), Q(j)]$；

Step5：若 $Z_1[n(j), Q(j)] < e$，$Z_2[n(j), Q(j)] < e$，转到 Step 6，否则，转到 Step7；

Step6：最优生产量 $n^* = n(j)$，$Q^* = Q(j)$；

Step7：分别计算 $Z_1[n(j), Q(j)]$，$Z_2[n(j), Q(j)]$ 在 $[n(j), Q(j)]$ 处的偏导数，有：

$$I_j = \begin{vmatrix} \dfrac{\partial Z_1(n,Q)}{\partial n} \bigg|_{(n,Q)=[n(j),Q(j)]} & \dfrac{\partial Z_1(n,Q)}{\partial n} \bigg|_{(n,Q)=[n(j),Q(j)]} \\ \dfrac{\partial Z_2(n,Q)}{\partial n} \bigg|_{(n,Q)=[n(j),Q(j)]} & \dfrac{\partial Z_2(n,Q)}{\partial n} \bigg|_{(n,Q)=[n(j),Q(j)]} \end{vmatrix}$$

Step8：分别计算两曲面交线过点 $[n(j), Q(j)]$ 处的切线，令 $Z_1[n(j+1), Q(j+1)] = 0$，$Z_2[n(j+1), Q(j+1)] = 0$，求得下一个迭代点 $[n(j+1), Q(j+1)]$，返回 Step4，直到得到最优解 (n^*, Q^*)；

Step9：将所得 (n^*, Q^*) 代入 $U_i^{\text{FCCM}}(n, Q)$，得 $U_i^{*\text{FCCM}}(n^*, Q^*)$；

Step10：令 $i = i + 1$；

Step11：重复 Step2～Step9，直到 $i = N$（N 是学习曲线稳定后的生产周期数，也就是最佳生产周期，经过测试后确定）；

Step12：得到学习曲线稳定后的 (n^*, Q^*)，进一步可得最优年平均成本为 $U_i^{*\text{FCCM}}(n^*, Q^*)$。

3.6 参数设定与对比分析

3.6.1 参数设定

生产率 $P = 160\,000$（双/年）；三角模糊需求 $\tilde{D} = (46\,000, 49\,000, 56\,000)$（双/年），其中，$49\,000$（双/年）为平均需求，$46\,000$（双/年）为需求的下限，

56 000(双/年)为需求的上限;生产准备成本 $S_v=300$(元/年);订购费 $S_B=100$(元/年);每次运输的固定成本 $F=25$(元/次);OEM 供应商的单位存储成本 $h_v=2$(元/双/年);OEM 品牌商的单位存储成本 $h_B=5$(元/双/年);品牌企业的单位质检成本 $\vartheta=0.5$(元/双);OEM 供应商的缺陷品质量保证成本 $v=30$(元/双);缺陷率 $\gamma=0.02$;年生产成本 $c=300\,000$ 元。

对于学习系数,取认知学习率 $\phi_c=70\%$,技能学习率 $\phi_m=90\%$,即学习系数为 $b_c=0.514$,$b_m=0.152$。为便于模型 3 与模型 4 的对比,设 $\hbar=\lambda$,模型 3 中的学习系数采用式(3-22)计算。本书取 $\alpha=0.68$,即 $\lambda=2.125$,同时可求得 WLC 下的学习系数为 $b=0.295$。模型 5 中的 $\delta=0.01$,$\beta=0.65$。

3.6.2 对比分析

当员工作业行为不具有学习特征时,根据命题 3-1 的证明过程及最优供货次数的适用条件,最优供货次数 $n^*=7$(次),最优单次供货量 $Q^*=782$(双),最优的年平均成本为 162 506.09 元。当员工作业行为具有学习特征时,根据 $U^{FCCM}(n,Q)$ 的求解算法,可求得前 30 个生产周期模型 2、3、4、5 的最优供货次数、最优单次供货量及年平均成本(表 3-1)。取模型 2、3、4、5 第一个生产周期的数据与模型 1 进行对比,发现当员工作业行为具有学习特征时,系统的平均成本远小于不具有学习特征的情形,最优的单次供货量大于不具有学习特征的情形。这是由于员工作业行为具有学习特征时的平均生产率更大导致的。员工作业行为具有的学习特征,鼓励 OEM 供应商生产更多的产品。

通过比较表 3-1 中的模型 2(IW)情形与模型 3(AW)情形,发现在第 1 个生产周期内,采用平均生产率方法所得系统的年平均成本略微低于采用即时生产率方法所得系统的年平均成本,但在其他生产周期内,采用平均生产率方法所得的年平均成本略高于采用即时生产率方法所得的年平均成本。不论是采用即时生产率还是采用平均生产率方法来计算系统的年平均成本,所得的最优年平均成本的结果相差无几,这也说明了当员工作业行为具有认知学习特征和技能学习特征时,采用平均生产率方法来计算生产-库存系统的年平均成本是合理的。

表 3-1 模型 2、3、4、5 的最优解

i	模型 2(IW)			模型 3(AW)			模型 4(JGLCM)			模型 5(FCLCM)		
	n^*	Q^*	$U^{IW}(n,Q)$	n^*	Q^*	$U^{AW}(n,Q)$	n^*	Q^*	$U^{JGCM}(n,Q)$	n^*	Q^*	$U^{FCCM}(n,Q)$
1	7	911	78 498.61	7	917	78 488.01	6	915	79 265.39	7	912	80 709.86
2	6	923	74 675.71	6	924	74 693.69	6	920	76 389.6	6	917	77 788.99
3	6	925	73 724.33	6	926	73 740.74	6	922	75 643.15	6	919	77 013.83
4	6	927	73 179.66	6	927	73 194.8	6	923	75 202.86	6	920	76 555.40
5	6	927	72 807.54	6	928	72 821.71	6	923	74 895.34	6	920	76 234.68
6	6	928	72 529.54	6	928	72 542.95	6	924	74 661.44	6	921	75 990.45
7	6	928	72 310.15	6	929	72 322.94	6	924	74 474.02	6	921	75 794.58
8	6	929	72 130.43	6	929	72 142.71	6	924	74 318.46	6	922	75 631.88
9	6	929	71 979.19	6	929	71 991.02	6	925	74 186.00	6	922	75 493.26
10	6	929	71 849.26	6	930	71 860.72	6	925	74 070.99	6	922	75 372.85
11	6	930	71 735.83	6	930	71 746.95	6	925	73 969.63	6	922	75 266.67
12	6	930	71 635.51	6	930	71 646.33	6	925	73 879.17	6	923	75 171.88
13	6	930	71 545.82	6	930	71 556.38	5	925	73 797.64	6	923	75 086.42
14	5	930	71 464.92	5	930	71 475.23	5	926	73 723.53	6	923	75 008.71
15	5	930	71 391.37	5	930	71 401.46	5	926	73 655.68	6	923	74 937.54
16	5	931	71 324.07	5	931	71 333.97	5	926	73 593.18	6	923	74 871.96
17	5	931	71 262.14	5	931	71 271.85	5	926	73 535.29	6	923	74 811.21
18	5	931	71 204.85	5	931	71 214.39	5	926	73 481.42	6	923	74 754.67
19	5	931	71 151.63	5	931	71 161.00	5	926	73 431.09	6	924	74 701.83
20	5	931	71 101.98	5	931	71 111.21	5	926	73 383.89	5	924	74 652.26
21	5	931	71 055.50	5	931	71 064.59	5	926	73 339.46	5	924	74 605.60
22	5	931	71 011.85	5	931	71 020.81	5	926	73 297.54	5	924	74 561.56
23	5	931	70 970.74	5	931	70 979.58	5	927	73 257.86	5	924	74 519.88
24	5	931	70 931.92	5	931	70 940.63	5	927	73 220.22	5	924	74 480.32
25	5	931	70 895.16	5	931	70 903.77	5	927	73 184.42	5	924	74 442.70

续　表

i	模型2(IW)			模型3(AW)			模型4(JGLCM)			模型5(FCLCM)		
	n^*	Q^*	$U^{IW}(n,Q)$	n^*	Q^*	$U^{AW}(n,Q)$	n^*	Q^*	$U^{JGCM}(n,Q)$	n^*	Q^*	$U^{FCCM}(n,Q)$
26	5	932	70 860.28	5	932	70 868.78	5	927	73 150.31	5	924	74 406.85
27	5	932	70 827.12	5	932	70 835.53	5	927	73 117.75	5	924	74 372.62
28	5	932	70 795.53	5	932	70 803.84	5	927	73 086.61	5	924	74 339.88
29	5	932	70 765.39	5	932	70 773.61	5	927	73 056.77	5	924	74 308.52
30	5	932	70 736.58	5	932	70 744.71	5	927	73 028.15	5	924	74 278.42

当生产趋于稳定后，模型2与模型3情形下的最优供货次数和单次供货量相同。当生产趋于稳定后，不论是何种情形，最优的供货次数相同，AW情形下的单次供货量最大，FCLCM情形下的单次供货量最小。这是由在Wright学习情形的生产总量最多导致。由表3-1知，模型3在第30个生产周期的年平均成本相比第1个生产周期的年平均成本要低7 743.30元。模型4在第30个生产周期的年平均成本相比第1个生产周期的年平均成本要低6 237.24元。随着生产的延续，系统平均成本越来越小，最优单次供货量越来越大，最优供货次数越来越小。当生产趋于稳定时，取第30个生产周期，探讨认知学习系数、技能学习系数及λ变化对模型2、3、4、5的影响。

员工作业行为学习特征的存在使得OEM供应商的生产率动态变化，由图3-5、图3-7、图3-9、图3-11、图3-13知，Wright学习情形下平均生产率最高是AW，其次是JGLCM，再次是FCLCM。AW相比于JGLCM，AW存在学习整合，JGLCM存在学习拆散，JGLCM对学习进行了进一步细分，弱化了一部分学习效果，故而平均生产率要小一些。相比于JGLCM，FCLCM包含一部分不存在学习效应的生产时间，进一步对学习进行了拆散，弱化了一部分作业的学习效果，从而平均生产率最低。理论上讲，无论是AW情形，还是JGLCM情形，只要生产一直进行下去，产品的生产时间就会接近零，但在实际生产中，完成一件产品有一个最少的生产时间，这部分生产时间是不存在学习效应的，故而FCLCM更加逼近现实复杂性。

(1) 生产周期变化产生的影响。

图 3-5 显示了不同生产周期内员工作业行为具有不同学习特征时的平均生产率变化情况。在早期的作业阶段，员工作业行为中存在的学习效应使得生产率大幅增加；在作业的后期，JGLCM 情形与 FCLCM 情形下的生产率增加缓慢，作业趋于稳定。整体而言，平均生产率递增的速度越来越小，AW 情形下的递增速度要大于 JGLCM 情形与 FCLCM 情形。

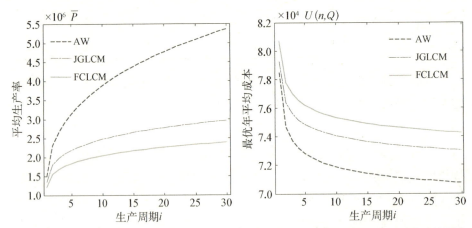

图 3-5 生产周期 i 对平均生产率的影响　　图 3-6 生产周期 i 对最优年平均成本的影响

图 3-6 显示了不同生产周期对生产-库存系统最优年平均成本的影响。在作业的早期由于生产率的大幅提高，系统年平均成本大幅下降，员工作业行为中存在的学习效应对降低成本的作用显著。在后期由于作业趋于稳定，生产率的增幅不明显，导致系统年平均成本的减少不明显。相比于 AW 情形，JGLCM 情形与 FCLCM 情形提前趋于稳定。在作业的后期，FCLCM 情形与 JGLCM 情形下的年平均成本之差保持稳定，这是由那部分不存在学习效应的生产时间导致的。

(2) 认知学习系数变化产生的影响。

通过式(3-22)可将认知学习系数 b_c 的变化转化为整体学习系数的变化。由图 3-7 知，随着员工作业行为中认知学习系数 b_c 的增加，也即认知学习效率越来越小时，AW 情形、JGLCM 情形与 FCLCM 情形的生产率均有所增加，但 AW 情形下的生产率增加的幅度要大于 JGLCM 情形与 FCLCM 情形，且

AW 情形下的生产率与 JGLCM 情形和 FCLCM 情形下的生产率之差越来越大。三类情形下生产率递增的幅度越来越小。当认知学习系数 $b_c > 0.5$ 时，JGLCM 情形与 FCLCM 情形下的生产率保持稳定，而 AW 情形下的生产率继续递增。JGLCM 情形下的生产率高于 FCLCM 情形下的生产率，是因为 FCLCM 情形下有一部分生产时间不存在学习效应。认知学习系数的变化导致生产率发生变化，进一步影响年平均成本的变化。随着认知学习系数 b_c 的增加，三类情形下的年平均成本均递减，且递减的速度越来越小（图 3-8）。JGLCM 情形与 FCLCM 情形先于 AW 情形趋近于稳定。JGLCM 情形与 AW 情形下的成本之差越来越大。

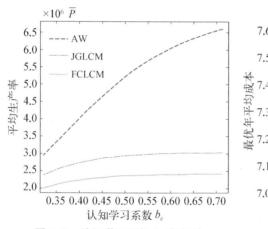

图 3-7 认知学习系数 b_c 变化对平均生产率的影响

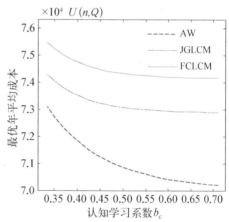

图 3-8 认知学习系数 b_c 变化对最优年平均成本的影响

（3）技能学习系数变化产生的影响。

如图 3-9 所示，随着技能学习系数的增大，三类情形下的平均生产率均增大，当 $b_m > 0.25$ 时，AW 情形与 JGLCM 情形下的平均生产率有一个明显的增加过程。AW 情形与 JGLCM 情形下的平均生产率的递增速度越来越大，FCLCM 情形下的平均生产率近乎呈现线性增加。图 3-10 显示，随着技能学习系数的增大，三类情形下的年平均成本越来越小。AW 情形与 JGLCM 情形下的年平均成本趋同，FCLCM 情形与 JGLCM 情形下的年平均成本保持一个稳定的差值，这是由部分作业不存在学习效应导致。FCLCM 情形下的生产—库存系统年平均成本不与 AW 情形和 JGLCM 情形下的年平均成本趋同。

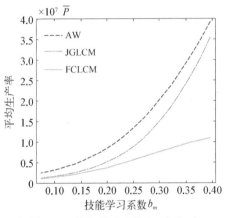

图 3-9　技能学习系数 b_m 变化对平均生产率的影响

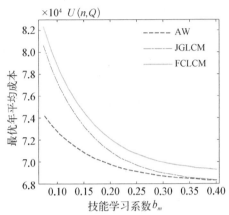

图 3-10　技能学习系数 b_m 变化对最优年平均成本的影响

观察图 3-8 与图 3-10 中的曲线,当成本趋于稳定时,认知学习系数小于技能学习系数(0.4＜0.6),也即认知学习率大于技能学习率。这给管理者带来的启示是:当认知学习趋于稳定时,加强技能学习带来的成本降低有限。管理者更需要加强对基层作业员工认知学习的培训。

(4) 认技系数变化产生的影响。

图 3-11 显示,随着 λ 的增大,AW 情形与 JGLCM 情形下的平均生产率增大,且两者之差越来越大。由图 3-12 知,λ 的变化使得 AW 情形与 JGLCM 情形下最优成本的变化呈现双曲线特征。λ 的增大,意味着认知学习在学习中占有越来越重要的地位。当 b_c 和 b_m 保持不变时,λ 的增大,意味着 α 增大。α 增大导致的最优年平均成本的降低与 b_m 增大引起的最优年平均成本的变化趋势相似。

给定 δ,令 $\ell = \dfrac{\beta}{1-\delta-\beta}$,考察 ℓ 的变化给 FCLCM 情形下的平均生产率和年平均成本带来的影响。结合图 3-13 与图 3-14,δ 越小,表明不存在学习效应的生产时间越少,从而平均生产率越大,年平均成本越小。随着 ℓ 的增大,三类情形下的平均生产率增大,年平均成本递减,平均生产率的递增幅度越来越小,导致年平均成本的递减速度越来越小。

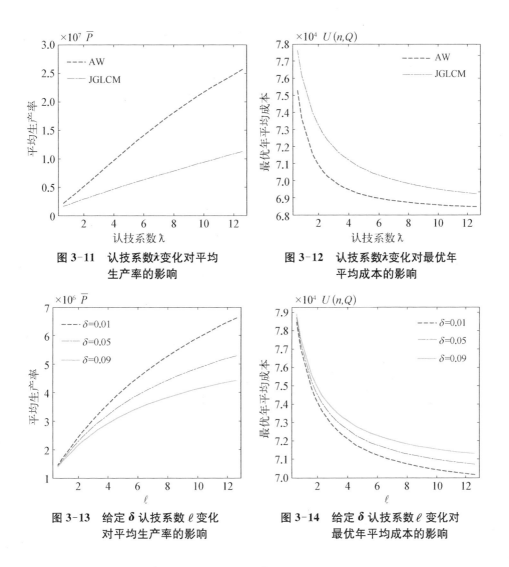

图3-11 认知系数λ变化对平均生产率的影响

图3-12 认知系数λ变化对最优年平均成本的影响

图3-13 给定δ认知系数ℓ变化对平均生产率的影响

图3-14 给定δ认知系数ℓ变化对最优年平均成本的影响

3.7 本章小结

员工作业行为具有的学习特征在生产实践中普遍客观存在,学习效应对完工时间和生产成本的影响明显,因此,企业在制定经营战略、生产计划、薪酬计划时需要考虑员工作业过程中存在的学习效应,从而使其更加符合现状。

基于员工行为特征的动态生产率下生产-库存优化

员工作业行为中存在的学习效应,使得生产率呈现动态变化的趋势,基于学习效应导致的动态变化的生产率,本章建立了五类情形下的生产-库存联合优化模型,依次是无学习效应情形、Wright 学习下即时生产率情形、Wright 学习下平均生产率情形、认知学习与技能学习(JGLCM)情形、改进的认知学习与技能学习(FCLCM)情形。

生产-库存系统由一个品牌企业与一个 OEM 供应商构成,通过理论与数值分析得到的主要结论包括:

(1) 无学习效应下,当给定供货次数时,集成生产-库存系统的成本函数是关于供货量的凸函数,存在最优的供货量,使得生产-库存系统的总成本最低。

(2) 学习效应下的总成本要低于无学习效应下的总成本。认知学习与技能学习下的总成本要高于 Wright 学习情形下的总成本,但认知学习与技能学习下的最优供货量要小于 Wright 学习情形下的最优供货量。

(3) 不论是认知学习系数还是技能学习系数的增大,都会使得生产-库存系统的总成本降低。随着认知学习系数的增大,认知学习与技能学习下的总成本与 Wright 学习情形下的总成本差距越来越小;随着技能学习系数的增大,认知学习与技能学习下的总成本与 Wright 学习情形下的总成本差距越来越大。

(4) 认技系数的增大,使得认知学习与技能学习下的总成本与 Wright 学习情形下的总成本变化呈现双曲线特征。

本章的研究给管理者带来的启示有:企业对员工进行有针对性的入职培训,可以使员工尽快获得生产所需要的技能,促使员工更快融入企业。员工掌握的知识使得学习效应在早期的生产阶段在降低成本方面发挥重要作用,员工的离职对企业而言是不利的;在生产的后期阶段,借助学习效应来降低生产成本已不现实,OEM 供应商需要生产新的产品形成新的学习效应;当认知学习趋于稳定时,加强技能学习带来的成本降低有限,此时,投资技能改善是不明智的,OEM 供应商更需要加强对生产技术人员的认知学习的培训。当企业进行产品更新换代时,形成新的学习效应,需要对老员工进行再培训。

本章没有考虑员工作业行为具有的遗忘特征带来的影响。事实上,遗忘在生产中断后发生。遗忘使得在生产过程中累积的知识及技能丢失,当生产再次开始时不能保持上次生产结束时的高水平运作优势。遗忘带来的影响不可忽视,本书将在第 4 章考虑员工作业行为具有的遗忘特征带来的影响。

4

基于员工学习-遗忘行为的生产-库存联合优化

4.1 引　　言

　　对于制造企业而言,学习效应对降低成本发挥了重要的作用,但由于生产中断导致的学习中断使得学习效应发挥的作用不能保持。事实上,当生产中断后,再次启动生产不仅耗费生产准备成本,而且再次生产后不能保持中断前的高效率,因为中断后会产生遗忘效应。例如,炼油厂和炼钢厂为了大检修,若干年才进行一次生产中断,当生产再次开始后需要经过一段时间,才能达到中断前的生产水平;员工在经过长时间的休假之后,需要适应若干工作日才能恢复到原来的工作状态。

　　员工具有的学习效应可以实现人力资本的增值,但学习效应建立在连续工作的基础上。当工作中断后,会导致学习中断,员工对原先掌握的学习经验就会遗忘,遗忘会造成知识贬值。通过对学习和遗忘的研究,可以分析长期招聘与短期招聘对效率和成本的影响。当进行生产、中断的往复循环时,对学习与遗忘的研究有助于分析劳动技能培训与巩固、短期雇佣与长期雇佣等对员工生产率的影响。当生产中断时,通过培训可以巩固员工的学习成果,维持高水平的生产率。通过对员工作业行为具有的学习和遗忘特征的研究,可以降低核心一线操作工的流失率,从而降低企业的成本。

贾比尔对学习曲线和遗忘曲线的研究作出了突出的贡献。贾比尔和班尼(1996)基于学习曲线理论构建了学习-遗忘曲线理论,并将该理论应用到EPQ模型中,拓展了萨拉梅等(1993)的模型,求解了在学习—遗忘情形下不同周期的最优生产量。对于学习效应和遗忘效应,多数学者聚焦在学习效应,也有少数学者建立了作业行为具有学习效应和遗忘效应的生产库存模型。

本章介绍了贾比尔和班尼(1996)的学习-遗忘理论(JB学习-遗忘理论),并将该学习遗忘理论应用到生产-库存模型中。本章的研究与贾比尔和班尼的不同在于:贾比尔和班尼针对的是经典EPQ模型,而本章研究的是两级生产-库存模型;贾比尔和班尼针对的是单一利益主体,而本章延伸到两个利益主体;贾比尔和班尼没有具体分析中断与遗忘对最优策略的影响,本章重点分析了中断与遗忘给最优策略带来的影响。另外,本章基于放射性元素的衰减规律构建了基于半忘期的学习-遗忘曲线和基于半忘期的双相学习-遗忘曲线,并将构建的学习-遗忘曲线应用到两级生产-库存模型中。

4.2 问题描述、符号说明与模型假设

本章问题来源于一类采油机械配件的加工制造过程。某锻造公司(供应商)将铸件锯切后进行加热,加热到一定温度后进行锻打作业,待冷却后进行机械加工作业,限于普通机床的加工精度,仅能进行粗加工作业。该锻造公司将粗加工机械配件运送给从事精加工业务的公司(制造商)进行精加工。在供应商进行正式生产之前,制造商会向供应商下发订单,供应商根据订单数量及时组织安排生产。供应商采用JIT供货策略将粗加工的采油机械产品运送给制造商,制造商利用高档数控机床对供应商提供的粗加工过的采油机械产品进行精加工作业,精加工后的产品可以直接卖向油田用于采油。如图4-1所示为采油机械配件的运转流程。

供应商的基层员工在进行粗加工(机械加工)作业时,作业行为存在学习

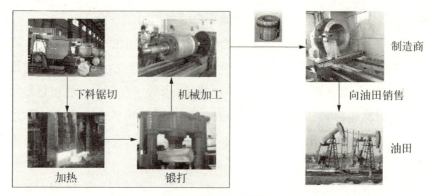

图 4-1 采油机械配件运转流程示意图

特征。当机械加工作业中断以后,在前期作业阶段累积的作业经验部分丢失,再次作业时不能继续维持原来的学习优势,这是由员工作业行为在作业中断后具有遗忘特征导致的(图 4-2)。制造商在精加工作业过程中,完全利用高档数控机床进行精加工作业,在作业过程中不存在学习效应及遗忘效应。

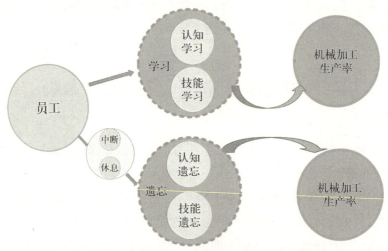

图 4-2 员工学习-遗忘行为对机械加工生产率的影响

供应商每隔一段时间 T(天),向制造商供应 Q(单位)数量的粗加工产品,在一个周期内供应 n 次,制造商面临的需求为 $\tilde{D}$(单位/天)。基于这样的问题背景,本章的决策问题是:员工在进行粗加工(机械加工)作业时,作业行为具有学习特征,在作业中断后,作业行为具有遗忘特征时,确定一个生产周期内供应商向制造商的最优供货次数 n 和最优的单次供货量 Q，使得由供应商与制造商构成的生产-库存系统的平均成本最小。

本章模型的建立基于如下假设：

(1) 生产-库存系统由一个供应商与一个制造商构成，供应商对采油机械配件进行粗加工作业，制造商对粗加工的采油机械配件进行精加工作业。一个粗加工采油机械配件经过精加工后可以成为一个精加工采油机械配件。采油机械配件属于高精产品，不存在质量缺陷。

(2) 在进行粗加工作业时，员工作业行为存在学习特征，作业中断后，员工作业行为具有遗忘特征。在精加工过程中，员工作业行为不存在学习与遗忘特征。

(3) 供应商与制造商每年签订一次委托生产合同，供应商对OEM品牌商的供货采用小批量JIT供货策略。在一个生产周期内，供应商对制造商供货 n 次，每次的供货量为 Q。

(4) 制造商面临的需求为三角模糊数 $\tilde{D}$，$\tilde{D} = (D - \Delta_1, D, D + \Delta_2)$，其中，$0 < \Delta_1 < D$，$0 < \Delta_2$，$D - \Delta_1$ 为模糊需求的下限，D 为平均需求，$D + \Delta_2$ 为模糊需求的上限。在模糊需求 $\tilde{D}$ 的条件下，连续两次供货的时间间隔为 $T = Q/\tilde{D}$。

(5) 生产-库存系统不允许缺货，供应商有足够的生产能力来满足制造商的订单需要，即 $P > \tilde{D}$，其中，P 为员工生产率。

(6) 制造商承担运输成本，且每次运输的成本固定。

本章模型中用到的参数和变量定义如下：

涉及供应商的参数和变量：

n：一个生产周期内供应商向制造商的供货次数（决策变量）；

Q：一个生产周期内供应商向制造商的单次供货量（决策变量）；

Q_p：每个生产周期内的最大生产量，$Q_p = nQ$；

S_v：生产准备成本（元/次）；

c：单位时间生产成本（元/天）；

T_1：完成第一件采油机械配件所需要的生产时间；

T_{pi}：第 i 个周期的生产时间（天）；

T_{di}：第 i 个周期的非生产时间(天)；

T_{1i}：第 i 个周期完成第一件采油机械配件的生产时间(天)；

T_{Qi}：第 i 个周期完成前 Q 件采油机械配件的生产时间(天)；

T：供应商连续两次供应的时间间隔(天)；

h_v：精加工采油机械配件单位产品的存储成本[元/(件·天)]；

b：学习系数；

f：遗忘指数。

涉及制造商的参数和变量：

S_B：订购成本(元/次)；

h_{m1}：粗加工采油机械配件在制造商处的单位存储成本[元/(件·天)]；

h_{m2}：精加工采油机械配件在制造商处的单位存储成本[元/(件·天)]；

F：制造商承担的固定运输成本(元/次)；

ϑ：制造商单位产品的精加工费用(元/件)。

4.3　员工学习-遗忘行为曲线

4.3.1　JB 学习—遗忘曲线

本小节主要介绍贾比尔和班尼(1996)的学习-遗忘理论，简记为 JB 学习-遗忘理论。根据 Wright 的学习曲线模型，完成第 m 件产品所需要的生产时间为：

$$T_m = T_1 m^{-b} \tag{4-1}$$

在纯粹遗忘情形下，完成第 x 件产品所需要的生产时间满足：

$$\hat{T}_x = \hat{T}_1 x^f \tag{4-2}$$

式(4-2)中，$\hat{T}_x$ 表示在遗忘情形下完成第 x 件产品所需要的生产时间；x 表示在作业没有中断的情形下累计完成的产品数量；$\hat{T}_1$ 表示遗忘情形下完成第一件产品的生产时间。图 4-3 反映了单位产品的生产时间在学习与遗忘情形下的变化情况。

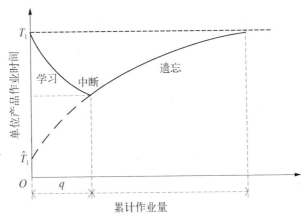

图 4-3 学习-遗忘行为对单位产品作业时间的影响

由图 4-3 可知，在一个生产周期内，在学习与遗忘两类情形下，第 q 件产品的生产时间相同，即有 $T_1 q^{-b} = \hat{T}_1 q^f$，化简可得 $\hat{T}_1 = T_1 q^{-(b+f)}$，将其代入式(4-2)，有 $\hat{T}_x = T_1 q^{-(b+f)} x^f$。假设完成了 q 件产品的作业后，作业发生中断，前阶段的学习经验会存在部分损失，使得后期的生产率不会保持原来的高水平。

当作业中断停止后，进入下一个周期的作业阶段，此时，第一件产品所需的生产时间取决于前阶段的生产量 q 及作业中断的时间。用 t_B 表示完全遗忘时间，$\mathbb{Q}$ 表示没有中断情形下在 t_B 时间内的生产量。当生产量为 $q+\mathbb{Q}$ 时，完全遗忘发生，前阶段累积的学习优势将完全丢失，此时，生产 $q+\mathbb{Q}$ 件数量的产品时间与生产第一件产品的时间相同，由 $\hat{T}_x = T_1 q^{-(b+f)} x^f$，有 $T_1 = T_1 q^{-(b+f)} (q+\mathbb{Q})^f$，化简可求得遗忘指数 $f = b \dfrac{\log q}{\log(q+\mathbb{Q}) - \log q}$。

在学习情形下，完成 q 件产品所需要的时间为：

$$t_p = \int_0^q T_1 y^{-b} \mathrm{d}y = \frac{T_1}{1-b} q^{1-b} \tag{4-3}$$

完全遗忘时间 t_B 与 $\mathbb{Q}$ 满足关系式：

$$t_B = \int_q^{q+\mathbb{Q}} T_1 y^{-b} \mathrm{d}y = \frac{T_1}{1-b}[(q+\mathbb{Q})^{1-b} - q^{1-b}] \tag{4-4}$$

化简式(4-4)有，$q+\mathbb{Q} = \left[\dfrac{1-b}{T_1}t_B + q^{1-b}\right]^{\frac{1}{1-b}}$，进一步可得 $q+\mathbb{Q} = q[\xi+1]^{\frac{1}{1-b}}$，其中，$\xi = \dfrac{t_B}{t_p}$，是实现完全遗忘的最小中断比例。

将 $q+\mathbb{Q} = q[\xi+1]^{\frac{1}{1-b}}$ 代入 $f = b\dfrac{\log q}{\log(q+\mathbb{Q}) - \log q}$，化简有 $f = b\dfrac{(1-b)\log q}{\log(\xi+1)}$。

设 s 为作业没有中断情形下在时间 t_b 内的生产量。在经历中断时间 t_b 后，生产 q 件产品的累积学习经验数 κ（经中断遗忘后，具有学习效应的数量）满足：

$$T_1 \kappa^{-b} = T_1 q^{-(b+f)}(q+s)^f \tag{4-5}$$

化简式(4-5)有，完成 q 件产品之后，在经历中断时间 t_b 后的累积学习经验数为 $\kappa = q^{(b+f)/b}(q+s)^{-f/b}$，进一步可得下一个生产周期内完成第一件产品的生产时间为 $\hat{T}_{q+1} = T_1(\kappa+1)^{-b}$。

4.3.2 基于半忘期的学习-遗忘曲线

由艾宾浩斯的遗忘曲线理论知，遗忘在学习之后立即开始，而且遗忘的进程并不是均匀的。最初遗忘得快，后期遗忘得慢。放射性元素的衰减过程也是遵循最先衰减得快、后期衰减得慢的规律。本节基于放射性元素的衰减规律，提出基于半忘期的学习-遗忘理论。

设 τ 为员工遗忘一半知识或技能所需要的时间，也即半忘期。半忘期越小，表明遗忘得越快。N_i 为第 i 个周期经过作业中断后保存的经验数，令 $N_0 = 0$，T_{1i} 为第 i 个周期完成第一件产品的生产时间。员工在作业过程中存在学习特征，学习规律遵循 Wright 学习曲线模型。当作业生产中断后，学习效应不能继续保持，发生遗忘，经过中断时间 t_{si} 后，保留的经验数为：

$$N_i = (N_{i-1} + q)\left(\dfrac{1}{2}\right)^{\frac{t_{si}}{\tau}} \tag{4-6}$$

式(4-6)中，N_{i-1} 为第 $i-1$ 个周期经过中断后保存的经验数，q 为当期完成的作业量。

可得第 $i+1$ 个周期完成第一件产品的生产时间为：

$$T_{1(i+1)} = T_1(N_i + 1)^{-b} \tag{4-7}$$

4.3.3 基于半忘期的双相学习-遗忘曲线

由 3.4.3 小节和 3.4.4 小节知，员工作业行为具有的学习特征包括认知学习和技能学习，基于此，我们认为在遗忘的过程中也存在认知遗忘和技能遗忘，遗忘的规律遵从 4.3.2 小节描述的规律，因在遗忘过程中存在两类遗忘，故称为双相遗忘。

当作业生产中断后，员工作业行为具有的认知学习不能继续保持，发生认知遗忘，经过中断时间 t_{si} 后，保留的认知经验数为：

$$N_i^c = (N_{i-1}^c + q)\left(\frac{1}{2}\right)^{\frac{t_{si}}{\tau^c}} \tag{4-8}$$

式(4-8)中，N_{i-1}^c 为第 $i-1$ 个周期经过中断后保存的认知经验数，q 为当期完成的作业量，τ^c 为认知半忘期。

当生产中断后，技能学习不能继续保持，发生技能遗忘，经过中断时间 t_{si} 后，保留的技能经验数为：

$$N_i^m = (N_{i-1}^m + q)\left(\frac{1}{2}\right)^{\frac{t_{si}}{\tau^m}} \tag{4-9}$$

式(4-9)中，N_{i-1}^m 为第 $i-1$ 个周期经过中断后保存的技能经验数，τ^m 为技能半忘期。

在经历认知遗忘和技能遗忘的双相遗忘后，第 $i+1$ 个周期完成第一件产品所需的生产时间为：

$$T_{1(i+1)} = \beta T_1(N_i^c + 1)^{-b_c} + (1-\beta) T_1(N_i^m + 1)^{-b_m} \tag{4-10}$$

式(4-10)中，β 为认知学习所占第一件产品的生产时间比例，$1-\beta$ 表示技能学习所占第一件产品的生产时间比例。

4.4 基于员工学习-遗忘行为的生产-库存联合优化模型

4.4.1 基于员工学习-遗忘行为的供应商成本

供应商在每个生产周期内的总产量为 Q_p。根据 Wright 的学习曲线模型，完成 Q_p 件产品所需要的生产时间为：

$$T_{pi} = \int_0^{Q_p} T_{1i} x^{-b} \mathrm{d}x = \frac{T_{1i} Q_p^{1-b}}{1-b} \quad (4-11)$$

化简式(4-11)，可得 $Q_p = \left[\dfrac{T_{pi}(1-b)}{T_{1i}}\right]^{\frac{1}{1-b}}$，令 $I(t) = Q_p$，$t = T_{pi}$，进一步有，在第 i 个周期 T_{pi} 生产时间内，供应商库存水平随时间变化的关系为：

$$I(t) = \left[\frac{t(1-b)}{T_{1i}}\right]^{\frac{1}{1-b}} \quad (4-12)$$

由 $Q_p = nQ$ 及式(4-12)可得供应商在作业期间的平均库存为：

$$I_{pi} = \int_0^{T_{pi}} I(t) \mathrm{d}t = \frac{T_{1i}(nQ)^{2-b}}{2-b} \quad (4-13)$$

在第 i 周期内完成前 Q 件产品所需要的生产时间为：

$$T_{Qi} = \int_0^Q T_{1i} x^{-b} \mathrm{d}x = \frac{T_{1i} Q^{1-b}}{1-b} \quad (4-14)$$

当供应商粗加工完成的采油机械配件数量达到 nQ 时，作业停止，即发生作业中断，中断的时间长度为 $nT - T_{pi}$。中断发生后供应商继续持有库存的时间称为供应商非生产时间，满足关系式 $T_{di} = (n-1)T + T_{Qi} - T_{pi}$。供应商非生产时间内的平均库存为：

$$I_{di} = nQ \cdot T_{di} = nQ \left[\frac{(n-1)Q}{\widetilde{D}} + \frac{T_{1i} Q^{1-b}}{1-b} - \frac{T_{1i}(nQ)^{1-b}}{1-b}\right] \quad (4-15)$$

在一个生产周期内供应商向制造商的平均供货库存为：

$$[Q+2Q+3Q+\cdots+(n-1)Q]T = \frac{n(n-1)Q^2}{2\widetilde{D}} \quad (4\text{-}16)$$

当员工作业行为具有学习和遗忘特征时，供应商在 JIT 供货策略下第 i 周期内的平均库存为：

$$\begin{aligned} IC_{si} &= I_{di} + I_{pi} - \frac{n(n-1)Q^2}{2\widetilde{D}} \\ &= \frac{T_{1i}(nQ)^{2-b}}{2-b} + \frac{n(n-1)Q^2}{2\widetilde{D}} + \frac{nT_{1i}Q^{2-b}}{1-b} - \frac{T_{1i}(nQ)^{2-b}}{1-b} \end{aligned}$$
$$(4\text{-}17)$$

当员工作业行为具有学习和遗忘特征时，供应商的总成本为：

$$\begin{aligned} TC_{si} &= S_v + cT_{pi} + IC_{si} \\ &= S_v + c\frac{T_{1i}(nQ)^{1-b}}{1-b} + h_s\left[\frac{T_{1i}(nQ)^{2-b}}{2-b} + \frac{n(n-1)Q^2}{2\widetilde{D}} + \right. \\ &\quad \left. \frac{nT_{1i}Q^{2-b}}{1-b} - \frac{T_{1i}(nQ)^{2-b}}{1-b}\right] \end{aligned}$$
$$(4\text{-}18)$$

式(4-18)中，右边第一项为生产准备成本，第二项为生产成本，第三项为粗加工采油机械配件的存储成本。

4.4.2 制造商成本

制造商从供应商处运回已经粗加工过的采油机械配件，对本次运输的粗加工采油机械配件进行精加工作业后卖向油田。图 4-4 反映了供应商连续两次供货时间间隔内制造商处的库存水平变化情况。制造商需要承担运输费用以及粗加工产品和精加工产品的库存保管费。制造商的总成本为：

$$TC_m = S_B + nF + n\vartheta Q + n(h_{m1} + h_{m2})\frac{Q^2}{2\widetilde{D}} \quad (4\text{-}19)$$

式(4-19)中，右边第一项为订购成本；第二项为运输成本；第三项为精加工生产成本；第四项为存储成本，包括粗加工采油机械配件和精加工采油机械

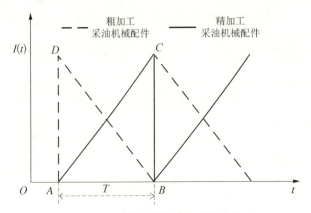

图 4-4 制造商处的库存水平变化

配件的库存成本。

当供应商与制造商构成一个虚拟体进行集中决策时,第 i 个生产周期内,集成生产-库存系统的总成本为:

$$TC_i(n, Q) = TC_m + TC_{si}$$

$$= S_v + n(F + \vartheta Q) + n(h_{m1} + h_{m2})\frac{Q^2}{2\widetilde{D}} + S_B +$$

$$c\frac{T_{1i}(nQ)^{1-b}}{1-b} + h_s\left[\frac{T_{1i}(nQ)^{2-b}}{2-b} + \frac{n(n-1)Q^2}{2\widetilde{D}} + \right.$$

$$\left.\frac{nT_{1i}Q^{2-b}}{1-b} - \frac{T_{1i}(nQ)^{2-b}}{1-b}\right] \quad (4-20)$$

当员工作业行为具有学习和遗忘特征时,第 i 个周期内集成生产-库存系统的平均成本为:

$$ATC_i(n, Q) = \frac{TC_i(n, Q)}{nT}$$

$$= \frac{(S_v + S_B)\widetilde{D}}{nQ} + \frac{\widetilde{D}(F + \vartheta Q)}{Q} + \frac{h_m Q}{2} + \frac{cT_{1i}\widetilde{D}(nQ)^{-b}}{1-b} +$$

$$h_s\left[\frac{T_{1i}\widetilde{D}(nQ)^{1-b}}{2-b} + \frac{(n-1)Q}{2} + \frac{T_{1i}\widetilde{D}Q^{1-b}}{1-b} - \frac{T_{1i}\widetilde{D}(nQ)^{1-b}}{1-b}\right]$$

$$(4-21)$$

当员工作业行为具有学习和遗忘特征时，第 i 个周期内集成生产-库存系统的逆模糊化的年平均成本为：

$$U_i(n, Q) = \left[D + \frac{1}{4}(\Delta_2 - \Delta_1)\right]\left[\frac{(S_v + S_B)}{nQ} + \frac{(F + \vartheta Q)}{Q} + \frac{cT_{1i}(nQ)^{-b}}{1-b}\right] +$$

$$\frac{h_m Q}{2} + \left[D + \frac{1}{4}(\Delta_2 - \Delta_1)\right] h_s \left[\frac{T_{1i}(nQ)^{1-b}}{2-b} + \right.$$

$$\left.\frac{T_{1i}Q^{1-b}}{1-b} - \frac{T_{1i}(nQ)^{1-b}}{1-b}\right] + h_s \frac{(n-1)Q}{2} \qquad (4-22)$$

命题 4-1 当 $n^{1-b} + b \geqslant 2$ 时，集成生产-库存系统的年平均成本 $U_i(n, Q)$ 是关于单次供货量 Q 的凸函数。

证明：分别对 $U_i(n, Q)$ 求关于 Q 的一阶导数与二阶导数，有：

$$\frac{\partial U_i(n, Q)}{\partial Q} = \left[D + \frac{1}{4}(\Delta_2 - \Delta_1)\right]\left[-\frac{(S_v + S_B)}{nQ^2} - \frac{F}{Q^2} + (-b)\frac{cT_{1i}n^{-b}Q^{-b-1}}{1-b}\right] +$$

$$\frac{1}{2}h_m + \left[D + \frac{1}{4}(\Delta_2 - \Delta_1)\right]h_s(1-b)Q^{-b}\left(\frac{T_{1i}n^{1-b}}{2-b} + \frac{T_{1i}}{1-b} - \right.$$

$$\left.\frac{T_{1i}n^{1-b}}{1-b}\right) + h_s \frac{(n-1)}{2}$$

$$\frac{\partial^2 U_i(n, Q)}{\partial Q^2} = \left[D + \frac{1}{4}(\Delta_2 - \Delta_1)\right]\left[\frac{2(S_v + S_B)}{nQ^3} + \frac{2F}{Q^3} + b(b+1)\frac{cT_{1i}n^{-b}Q^{-b-2}}{1-b}\right] +$$

$$\left[D + \frac{1}{4}(\Delta_2 - \Delta_1)\right]h_s b Q^{-b-1} T_{1i} \frac{n^{1-b} + b - 2}{2-b}$$

当 $n^{1-b} + b \geqslant 2$ 时，可以确定 $\dfrac{\partial^2 U_i(n, Q)}{\partial Q^2} > 0$，故命题得证。

命题 4-2 在已知 Q 的条件下，松弛 n 为连续变量，$U_i(n, Q)$ 是关于 n 的凸函数。

证明：分别对 $U_i(n, Q)$ 求关于 n 的一阶导数与二阶导数，有：

$$\frac{\partial U_i(n, Q)}{\partial n} = \left[D + \frac{1}{4}(\Delta_2 - \Delta_1)\right]\left[-\frac{(S_v + S_B)}{n^2 Q} - b\frac{cT_{1i}n^{-b-1}Q^{-b}}{1-b}\right] +$$

$$\left[D+\frac{1}{4}(\Delta_2-\Delta_1)\right]h_s Q^{1-b}(1-b)n^{-b}T_{1i}\left(\frac{1}{2-b}-\frac{1}{1-b}\right)$$

$$\frac{\partial^2 U_i(n,Q)}{\partial n^2}=\left[D+\frac{1}{4}(\Delta_2-\Delta_1)\right]\left[\frac{2(S_v+S_B)}{n^3 Q}+b(b+1)\frac{cT_{1i}n^{-b-2}Q^{-b}}{1-b}+\right.$$

$$\left.h_s Q^{1-b}bn^{-b-1}T_{1i}\right]$$

因为 $\dfrac{\partial^2 U_i(n,Q)}{\partial n^2}>0$，故在已知 Q 的条件下，松弛 n 为连续变量，$U_i(n,Q)$ 是关于 n 的凸函数。

4.4.3　学习-遗忘行为下的生产-库存联合优化模型最优解求解步骤

由命题 4.2，令 $\dfrac{\partial U_i(n,Q)}{\partial n}=0$，所得 n^* 不一定为整数，可以采用如下算法求解 n^* 和 Q^*。

步骤 1：令 $i=1$，$n=1$。

步骤 2：将 n 代入 $\dfrac{\partial U_i(n,Q)}{\partial Q}$，令 $\dfrac{\partial U_i(n,Q)}{\partial Q}=0$，利用一维线性搜索方法可得 Q^*，将 n^* 和 Q^* 代入 $U_1(n,Q)$，得 $U_1(n,Q^*)$，跳转到步骤 3。

步骤 3：令 $n=n+1$，重复步骤 2，得 Q^{**}，代入 $U_1(n,Q)$，得 $U_1(n+1,Q^{**})$，跳转到步骤 4。

步骤 4：若 $U_1(n+1,Q^{**})<U_1(n,Q^*)$，则返回步骤 3；若 $U_1(n+1,Q^{**})>U_1(n,Q^*)$，则跳转到步骤 5。

步骤 5：令 $U_1(n+1,Q^{**})=U_1(n,Q^*)$，此时最优解为 n^* 和 Q^*，进一步可得最优的平均成本 $U_1(n^*,Q^*)$。

步骤 6：令 $i=i+1$，重复步骤 2～步骤 5，可得第 i 周期的最优平均成本 $U_i(n^*,Q^*)$。

4.5 数值算例

4.5.1 基础数据

出于商业保密考虑,数据采用模拟数据。学习系数 $b=0.32$;生产成本 $c=1\,000$(元/年);供应商存储成本 $h_s=2$[元/(单位·年)];粗加工采油机械配件在制造商处的单位存储成本 $h_{m1}=2.2$[元/(单位·天)];精加工产品在制造商处的单位存储成本 $h_{m2}=2.8$[元/(单位·天)];供应商的生产准备成本 $S_v=300$(元/次);每次订购的订货费 $S_B=100$(元/次);制造商面临的需求 $\widetilde{D}=(11-2,11,11+6)$(单位/天);每次运输的固定成本 $F=25$(元/次);供应商在第一个周期完成第一件产品的生产时间为 $T_{11}=0.062\,5$(天);制造商单位产品的精加工费用 $\vartheta=0.5$(元/单位)。

根据4.4.3小节的最优解求解步骤,可得集成生产-库存系统第一个周期的最优成本随供货次数的变化情况(表4-1)。由表4-1知,当 $n=11,Q=12$,即 $Q_p=132$ 时,集成生产-库存系统的平均成本最低。

表 4-1 供应商第一个生产周期的最优成本随供货次数的变化情况

$T_{11}=0.125$(天)			$T_{11}=0.062\,5$(天)			$T_{11}=0.031\,25$(天)		
n	Q	$U_1(n,Q)$	n	Q	$U_1(n,Q)$	n	Q	$U_1(n,Q)$
17	12	604.94	8	16	426.68	4	21	321.89
18	12	604.43	9	15	425.61	5	18	317.54
19	11	604.07	10	13	424.49	6	16	315.31
20	11	603.85	11*	12*	424.17*	7	14	314.35
21	10	603.74	12	12	424.58	8*	12*	314.19*
22*	10*	603.73*	13	11	424.59	9	11	314.57
23	10	603.83	14	10	424.91	10	11	315.32
24	9	604.00	15	10	425.85	11	10	316.35
25	9	604.24	15	10	425.85	12	9	317.58

4.5.2 基于JB学习-遗忘理论的生产-库存算例分析

当 $t_B=45$ 时,在第一个生产周期内,供应商粗加工132件产品的时间为 $T(132)=\dfrac{0.0625}{1-0.32}\times132^{1-0.32}=2.5131$,最小中断比例 $\xi=\dfrac{45}{2.5131}=17.9062$,遗忘指数 $f=0.32\times\dfrac{(1-0.32)\times\log132}{\log(17.9062+1)}=0.3615$,中断时间 $nT-T_{1p}=11\times1-2.5131=8.4869$。在已粗加工132件的前提下,利用中断时间 8.4869 进行粗加工,可实现的总粗加工数量为 $q+s=\left(\dfrac{1-0.32}{0.0625}\times8.4869+132^{1-0.32}\right)^{\frac{1}{1-0.32}}=1142$。在作业中断发生时,虽已粗加工了132件产品,但在下个周期开始作业时,仅有11件产品($\kappa_1=q^{(\ell+f)/\ell}(q+s)^{-f/\ell}=132^{(0.32+0.3628)/0.32}\times1142^{-0.3628/0.32}=11$)的学习经验。

供应商在第二个生产周期内,完成第一件产品的生产时间为 $T_{21}=0.0625\times(11+1)^{-0.32}=0.0282$,粗加工98件产品的时间为 $T_{2p}=\dfrac{0.0282}{1-0.32}\times98^{1-0.32}=0.9371$,粗加工109件产品的时间为 $T(109)=\dfrac{0.0625}{1-0.32}\times109^{1-0.32}=2.2327$,最小中断比例 $\xi=\dfrac{45}{2.2327}=20.1550$,遗忘指数 $f=0.32\times\dfrac{(1-0.32)\times\log109}{\log(20.1550+1)}=0.3345$,中断时间 $nT-T_{2p}=7\times1-0.9371=6.0629$,在累积109件产品的学习经验的基础上,利用中断时间 6.0629,可实现的粗加工总数量为 $q+s=\left[\dfrac{1-0.32}{0.0625}\times6.0629+109^{1-0.32}\right]^{\frac{1}{1-0.32}}=751$,累积经验学习数为 $\kappa_2=q^{(\ell+f)/\ell}(q+s)^{-f/\ell}=109^{(0.32+0.3345)/0.32}\times751^{-0.3345/0.32}=14$。进一步可得第三个生产周期,完成第一件产品所需要的生产时间为 $T_{31}=0.0625\times(14+1)^{-0.32}=0.0263$。其他周期计算第一件产品的加工时间依次类推。当完全遗忘时间 $t_B=4500$ 以及 $t_B\to\infty$ 时,采用相同的方法计算,可得

不同完全遗忘时间下供应商的最优解(表4-2)。

表4-2 不同完全遗忘时间下的最优解

i	$t_B = 45$				$t_B = 4\,500$				$t_B \to \infty$			
	T_{1i}	n^*	Q^*	$U_i(n^*, Q^*)$	T_{1i}	n^*	Q^*	$U_i(n^*, Q^*)$	T_{1i}	n^*	Q^*	$U_i(n^*, Q^*)$
1	0.062 5	11	12	424.18	0.062 5	11	12	424.18	0.062 5	11	12	424.18
2	0.028 2	7	14	302.75	0.017 7	6	14	261.43	0.013 1	6	14	242.75
3	0.026 3	8	12	295.44	0.016 9	6	14	258.18	0.011 2	6	14	234.93
4	0.027 5	7	14	300.09	0.016 1	6	14	254.93	0.010 1	6	14	230.57
5	0.025 7	8	12	293.15	0.015 8	6	14	253.71	0.009 3	6	14	227.33
6	0.027 5	7	14	300.09	0.015 7	6	14	253.31	0.008 7	6	14	224.89
7	0.025 7	8	12	293.15	0.015 6	6	14	252.90	0.008 3	6	14	223.18

由图4-5及表4-2知,第二个生产周期的最优成本相比于第一个生产周期明显减少,第二个生产周期以后最优成本的减少不明显。这意味着员工作业行为具有的学习特征在早期的生产作业阶段对降低成本发挥重要的作用,在后期发挥的作用有限。

当$t_B = 45$时,第二个生产周期以后最优成本处于减少-增加-较少-增加的摇摆状态,这是因为员工作业行为具有学习-遗忘-学习-遗忘的摇摆

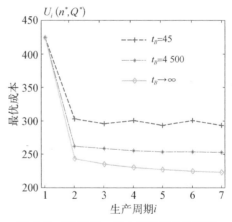

图4-5 JB学习—遗忘理论下生产周期变化对最优成本的影响

特征。完全遗忘时间越短,摆动的幅度越大。当$t_B = 4\,500$及$t_B \to \infty$时,第二个生产周期以后最优成本呈现缓慢减少的趋势。由图4-5知,当$t_B \to \infty > t_B = 4\,500 > t_B = 45$时,$U_{i|t_B \to \infty}(n^*, Q^*) \leqslant U_{i|t_B = 4\,500}(n^*, Q^*) \leqslant U_{i|t_B = 45}(n^*, Q^*)$,$t_B$越小,表明遗忘得越快。遗忘得越快,平均成本越高,管理者应尽可能压缩生产中断时间。当生产中断时间不能压缩时,在生产中断时间内展开培训或者将员工调整到相似的工作岗位,延缓遗忘效应,从而减少

遗忘带来的损失。

(1) 学习率变化对最优成本的影响。

取第一个生产周期,分析学习系数 b 变化对最优成本的影响。学习系数 b 与学习率 C 之间的关系满足 $b=-\log C/\log 2$,当学习率 C 增大时,学习系数 b 减少。由图 4-6 知,最优成本随学习率 C 的增大而快速增大,这是因为学习率 C 越大,改善的空间越小。当学习率为 100% 时,学习系数为零,此时,在生产率方面没有可以改善的空间,由此导致成本增加。在实际生产中,采用各种措施改进生产,使得学习率 C 降低,学习系数 b 增大,增加可改善的空间,则可降低成本。

(2) 初始生产率变化对最优成本的影响。

初始生产率 $\bar{p}_1=(T_{11})^{-1}$,图 4-7 反映了第一个生产周期内初始生产率变化对最优成本的影响。随着初始生产率的增加,最优成本呈现缓慢减少的趋势。当初始生产率与初始投资有关时,并不意味着初始生产率越高越好,虽然初始生产率越高平均成本就越低,但越高的初始生产率需要越高的投资,决策者需要找到初始投资与后续平均成本之间的最佳平衡点。

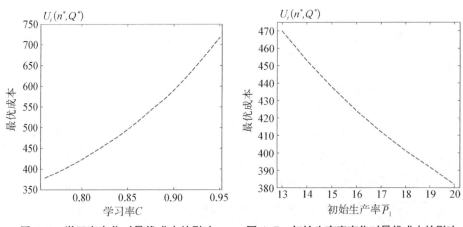

图 4-6　学习率变化对最优成本的影响　　图 4-7　初始生产率变化对最优成本的影响

4.5.3　基于半忘期学习-遗忘理论的生产-库存算例分析

以 $\tau=2.5$ 为例,计算各周期完成第一件产品所需的生产时间。在第一个生产周期内,供应商粗加工 132 件产品的时间为 $T(132) = [0.0625/(1-0.32)] \times 132^{1-0.32} = 2.5131$,作业中断时间 $nT - T_{1p} = 11 \times 1 - 2.5131 = 8.4869$。在已粗加工 132 件的前提下,经过作业中断产生遗忘后,第一个生产周期的累积经验数为 $N_1 = 132 \times 0.5^{(8.4869/2.5)} \approx 13$。在第二个作业生产周期完成第一件产品的生产时间为 $T_{12} = 0.0625 \times (13+1)^{-0.32} = 0.0269$,粗加工 91 件产品的时间为 $T(91) = 0.0269/(1-0.32) \times 91^{1-0.32} = 0.8499$,作业中断时间 $nT - T_{2p} = 7 \times 1 - 0.8499 = 6.1501$,经过作业中断产生遗忘后,第二个生产周期的累积经验数为 $N_2 = 104 \times 0.5^{(6.1501/2.5)} \approx 19$。在第三个生产周期完成第一件产品的生产时间为 $T_{13} = 0.0625(19+1)^{-0.32} \doteq 0.0240$。其他依次类推。表 4-3 呈现了不同半忘期下不同周期的最优解。

表 4-3 不同半忘期下的最优解

i	$\tau = 1.5$				$\tau = 2.5$				$\tau = 3.5$			
	T_{1i}	n^*	Q^*	$U_i(n^*, Q^*)$	T_{1i}	n^*	Q^*	$U_i(n^*, Q^*)$	T_{1i}	n^*	Q^*	$U_i(n^*, Q^*)$
1	0.0625	11	12	412.70	0.0625	11	12	424.18	0.0625	11	12	424.18
2	0.0388	9	12	342.31	0.0269	7	13	297.46	0.0220	7	13	278.63
3	0.0388	9	12	342.31	0.0240	7	13	286.19	0.0202	7	13	271.53
4	0.0388	9	12	342.31	0.0236	7	13	284.74	0.0199	7	13	271.10
5	0.0388	9	12	342.31	0.0236	7	13	284.74	0.0197	7	13	269.82
6	0.0388	9	12	342.31	0.0236	7	13	284.74	0.0197	7	13	269.82

由 4.5.2 小节知,当 $t_B = 45$ 时,在 JB 学习-遗忘理论下随着生产和中断的反复,会出现波浪式的摇摆。在半忘期遗忘理论下,不论半忘期取何值,平均成本在后期不会出现波浪式的摇摆。

由图 4-8 知,平均成本随着生产周期的重复进行表现出明显的学习特征。当 $\tau \to \infty$ 时,即遗忘不存在时,平均成本随着生产的进行表现出逐步缓慢递减的规律。当 $\tau = 1.5$ 时,从第二个生产周期开始,作业中断后员工具有的遗忘效应使得前期累积的经验完全遗忘。遗忘效应的存在使得学习效应不能发挥作用,从而使平均成本保持不变。相比于无遗忘情形,遗忘情形下的生产更早趋于稳定,平均成本也更高。

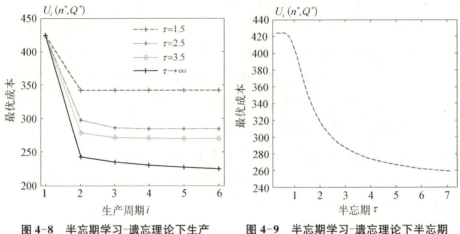

图 4-8 半忘期学习-遗忘理论下生产周期变化对最优成本的影响

图 4-9 半忘期学习-遗忘理论下半忘期变化对最优成本的影响

图 4-9 呈现了第二个生产周期内不同半忘期对最优成本的影响。当 $\tau <1$ 和 $\tau >3$ 时,系统平均成本对半忘期的变化是不敏感的。当 $\tau <1$ 时,由于遗忘得太快,作业中断使得前期累积的学习经验数一点不能保留,所以,系统平均成本基本不变,对半忘期的变化不敏感。当 $\tau >3$ 时,遗忘得较慢,作业中断对学习效应的弱化非常有限。当 $1<\tau <3$ 时,系统平均成本对半忘期的变化是非常敏感的,此阶段的半忘期对成本影响显著,管理者应通过培训等方法延长半忘期,从而削弱作业中断对学习效应的弱化作用。当 $\tau >5$ 时,系统平均成本对半忘期的变化是非常不敏感的,此时,再通过增加投入来延长半忘期,以期来降低成本是不明智的。

4.5.4 基于半忘期双相学习-遗忘理论的生产-库存算例分析

对于学习系数,取认知学习率 $\phi_c=70\%$,技能学习率 $\phi_m=90\%$,即学习系数为:$b_c=0.514$,$b_m=0.152$,$h=3.605$,$\beta=78.28\%$,根据式(3-22)可得 $b=0.337$。表 4-4 呈现了当 $\tau^c=1.8$,$\tau^m=2.3$ 时的最优解。

在第一个周期的总生产量为 132,经过作业中断后,员工保留的认知经验

4 基于员工学习-遗忘行为的生产-库存联合优化

表 4-4 不同生产周期下基于双相学习-遗忘理论下的最优解

i	T_{1i}	N_i^c	N_i^m	n^*	Q^*	$U_i(n^*,Q^*)$
1	0.062 5	0	0	11	12	412.70
2	0.029 2	5	10	8	13	301.34
3	0.025 1	8	14	7	13	285.88
4	0.023 5	9	16	7	13	279.98
5	0.023 6	9	17	7	13	280.24
6	0.023 5	9	17	7	13	280.17

数为5,技能经验数为10,认知经验数少于技能经验数是因为认知半忘期小于技能半忘期,相比于技能遗忘,认知遗忘更快。受员工作业行为具有的认知学习遗忘和技能学习遗忘特征综合影响,第三个生产周期后的最优供货次数和最优单次供货量保持不变。随着认知与技能学习-遗忘-学习-遗忘的重复,系统的平均成本在作业的后期出现了摇摆。这与非双相学习-遗忘理论下的情形不同。

图4-10呈现了第二个生产周期内认知半忘期与技能半忘期变化对最优成本的影响。由于认知学习时间与技能学习时间所占生产时间的比例不同,导致认知遗忘与技能遗忘对系统平均成本的影响不同。τ^c相比于τ^m,τ^c给系统平均成本带来的影响幅度要大。

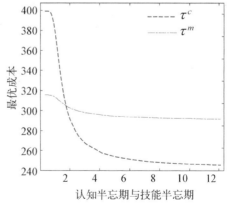

图 4-10 不同认知半忘期与技能半忘期变化对最优成本的影响

当$\tau^m=2.3$时,观察认知半忘期变化对系统平均成本的影响。根据计算知,当$\tau^c<0.6$或$\tau^c>6$时,系统平均成本对认知半忘期的变化不敏感。当$\tau^c>1$时,认知半忘期对系统平均成本的影响呈现双曲线变化特征。当$1<\tau^c<6$时,系统平均成本对认知半忘期的变化比较敏感,当作业中断后,管理者应采取措施,延长认知半忘期,达到降低成本的目的。

当 $\tau^c = 1.8$ 时,观察技能半忘期变化对系统平均成本的影响。根据计算知,当 $\tau^m < 0.8$ 或 $\tau^m > 4$ 时,系统平均成本对技能半忘期的变化不敏感。当 $1 < \tau^m < 4$ 时,系统平均成本对技能半忘期的变化比较敏感。管理者可以在敏感期内延长技能半忘期,达到降低成本的目的。

4.6 本章小结

本章以采油机械产品的运作流程为问题的来源,探讨了当员工作业行为具有学习和遗忘特征时,如何决策最优的单次供货量和供货次数使得系统平均成本最低。回顾了 JB 学习-遗忘理论,并将该理论应用到两级生产-库存模型中。提出了基于半忘期的学习-遗忘理论和基于半忘期的双相学习-遗忘理论,并将所提出的两种学习-遗忘理论应用到两级生产-库存模型中。建立了集成生产-库存系统的平均成本函数,证明了平均成本函数是订购量或供货次数的凸函数,并给出了最优解的求解步骤。

本章得到的结论主要包括:

(1) 员工作业行为具有的学习-遗忘-学习-遗忘的摇摆特征使得系统的平均成本呈现出减少-增加-减少-增加的摇摆特征,完全遗忘时间越短,摇摆的幅度越大。系统平均成本的摇摆不定,加大了成本控制的难度。

(2) 当半忘期趋向无穷大时,即遗忘不存在时,平均成本随着生产的进行表现出早期迅速减少、后期缓慢减少的特征。当半忘期时间较短时,作业中断使得前期累积的学习经验全部遗忘,完全遗忘的存在使得学习效应发挥的降低成本作用有限。不同半忘期的调整对成本的降低作用显著不同。

(3) 相比于非双相学习-遗忘理论下的成本变化,在双相学习-遗忘理论情形下,随着认知与技能学习-遗忘-学习-遗忘的重复,系统的平均成本在作业的后期出现了摇摆,而在非双相学习-遗忘理论的情形下,没有出现成本的摇摆特性。相比于无遗忘情形,遗忘情形下的生产更早趋于稳定,平均成本也更高。

(4) 学习系数的减少会导致成本增加。在实际作业过程中,采用各种措施改进生产,增加可改善的空间,从而减少学习率,增大学习系数,达到降低成本的目的。初始生产率越大,系统的平均成本越低。当初始生产率与初始投资有关时,并不意味着初始生产率越高越好,虽然初始生产率越高平均成本就越低,但越高的初始生产率需要越高的投资,决策者需要找到初始投资与后续平均成本之间的最佳平衡点。

(5) 遗忘得越快,平均成本越高,管理者应尽可能压缩作业中断时间。当作业中断时间不能压缩时,在作业中断时间内展开培训或者将员工调整到相似的工作岗位,延缓遗忘效应,从而减少遗忘带来的损失。相比于压缩技能半忘期,压缩认知半忘期带来的成本减少作用更明显。

生产管理者应当在生产中断期间采取培训等措施对员工的生产技能进行巩固,防止员工在中断期间遗忘全部或部分之前累积的生产经验,防止中断导致学习的知识丢失。倘若生产停止后不采取措施,任由员工经验的丢失,当生产恢复时,员工需要较长的生产时间才能恢复到生产中断前的水平,这将导致生产成本的增加。

5

基于员工学习-疲劳行为的生产-库存联合优化

5.1 引　　言

　　第 3 章和第 4 章主要讨论了员工作业行为具有的学习特征和遗忘特征对 JIT 生产-库存决策带来的影响,本章研究员工作业行为具有的另一类特征——疲劳特征给决策带来的影响。疲劳是一种正常的普遍存在的机能下降的现象。当员工产生疲劳时,会表现出注意力分散、知觉失调、意志衰退、记忆力下降等现象。反映疲劳的现象随疲劳的强度改变而改变。在轻度疲劳状态下,人的生理和心理并无明显变化,但需要采取措施预防劳动能力的降低,若不及时休息,则会产生过度疲劳,过度疲劳将使得劳动能力急剧降低,从而导致生产率也大幅降低。过度疲劳不仅导致生产率降低,而且会引发疾病。另外,初期疲劳,恢复很快;过度疲劳,恢复很慢。

　　作业疲劳一般分为肌肉疲劳、精神疲劳和生物周期疲劳。作业疲劳产生的原因包括作业强度、作业持续时间、作业环境、作业速度、作业时刻、作业态度等。长时间工作将导致疲劳加剧,倘若得不到合理的休息,不仅生产率会下降,还会引发产品质量问题及生产事故;倘若得到合理的休息,生产率反而会得到提高。例如,在第一次世界大战期间,由于生产武器的劳动力不足,生产工人每周的工作时间长达68个小时,但生产时间的延长并没有使得产量大幅提升。将每周的工作时间变为60个小时后,每日的生产量反而增加了8%。虽然工作时间减少,但通过合理的休息,依旧可以维持高的产量。

研究疲劳对改善生产率、减少生产事故以及保护劳动者安全与健康具有重要意义。陈建武等(2011)比较了各类疲劳测量方法,为各类疲劳的测定提供了方法基础。诸多学者(陈成明等,2014;Cagnie等,2017;Zou等,2017;Zhu等,2017)分析了各类情形下疲劳的产生因素及这些因素对疲劳产生的影响。郭伏等(2017)分析了单调作业对疲劳的影响。蔡敏等(2016)借用脑电分析的方法,去寻找和发现易产生疲劳的工序。赵小松等(2012,2015)研究了疲劳因素对生产排程的影响。

以上关于疲劳的研究文献集中在工程、建筑、医学、海事和安全生产等领域。疲劳会对生产率产生影响,但很少有学者将疲劳导致的生产率变化引入库存控制领域,也鲜有研究库存管理的学者从疲劳角度进行库存优化。关于疲劳和生产率的研究仅是定性研究,而本章的研究是定量研究。基于此,本章研究员工作业行为具有的疲劳特征对库存决策的影响。

通常而言,在某一段时间内员工的生产率表现出递增—稳定—减少的规律,这是由学习—稳定—疲劳导致。贾比尔等(2013)将生产时间划分为工作时间和休息时间,建立了学习—遗忘—疲劳—恢复模型,但其并没有将所提出的模型应用到生产库存模型中。本章的研究与贾比尔等(2013)的不同在于:将生产划分为学习—稳定—疲劳—休息—再学习阶段,并将生产阶段的划分拓展到两级JIT生产-库存联合优化模型中。根据疲劳是否存在恢复,构建了基于学习-稳定-疲劳库存曲线的疲劳不存在恢复的JIT生产-库存联合优化模型,以及基于学习-稳定-疲劳-休息-再学习库存曲线的疲劳存在恢复的JIT生产-库存联合优化模型。根据企业实际生产中存在的期末赶工现象(在工作快结束时,员工的生产率有一个快速增加的过程),构建了疲劳存在终末激发期的JIT生产-库存联合优化模型。

本章5.2节陈述了某裤子生产企业的生产工艺流程,基于实际观测的数据,绘制了一天内裤子的生产率随时间变化的情况,构建了学习-稳定-疲劳-

休息-再学习库存曲线,并对经典 EPQ 模型进行了拓展;5.3 节基于学习-稳定-疲劳库存曲线,建立了疲劳不存在恢复的生产-库存联合优化模型;5.4 节基于学习-稳定-疲劳-休息-再学习库存曲线,建立了疲劳存在恢复的生产-库存联合优化模型;5.5 节根据期末赶工现象,建立了疲劳存在终末激发期的生产-库存联合优化模型。

5.2 员工作业过程中存在的学习-疲劳行为

为充分了解员工在作业过程中存在的学习行为和疲劳行为,本书作者对某服饰有限公司进行了调研。某服饰有限公司是集开发、设计、销售、生产、批发、服务于一体的专业男装休闲裤企业。2006 年创立至今,已拥有全资广州销售公司、广东番禺工厂、江西信丰分工厂,员工人数共 200 人。公司的主要业务是国内高档男装休闲裤设计及为知名 OEM 品牌商进行贴牌生产。

一条裤子的生产包括 50 多道工序,如图 5-1 所示,通过归类可分为 5 个阶段。第一阶段为生产准备阶段,选择合适的布料并下料;第二阶段为裁剪阶段,根据打样进行裁剪;第三阶段为缝制阶段,将第二阶段裁剪的片段进行缝制;第四阶段为熨烫阶段,将裤子清洗后进行熨烫,烫平褶皱,改善外观,塑造立体效果;第五阶段为检查剔线阶段,对熨烫完毕的裤子进行检查,并剔线。本书作者在 2017 年 11 月 13 日对观测对象 A 进行了观测,在 2017 年 11 月 14 日对观测对象 B 进行了观测。

表 5-1 中的缝制裤腰时间(秒/每件)是观测对象 A 缝制一条裤子的裤腰所花费的时间。异常数据 61.10 和 66.06 是由员工仅仅拿起裤子检查一下裤腰,没有进行缝制操作所导致。根据观测的数据,可以计算出每 10 分钟观测对象 A 的产量。在一个下午的生产时间内,A 的生产率随时间变化的情况见图 5-2。由图 5-2(a)可看出异常数据导致的生产率突然增加的过程。

5 基于员工学习-疲劳行为的生产-库存联合优化

图 5-1 裤子的主要生产工艺过程

表 5-1 观测对象 A 缝制裤腰所花费的时间

观测时刻	缝制裤腰时间(秒/每件)	观测时刻	缝制裤腰时间(秒/每件)
14:05	94.42	16:32	105.89
14:15	96.73	16:37	114.17
14:40	87.89	16:43	61.10
14:42	84.42	16:44	66.06
15:01	81.24	17:28	129.13
15:32	85.91	17:32	114.49
15:42	92.81	17:40	127.34
15:55	101.48	17:45	157.22

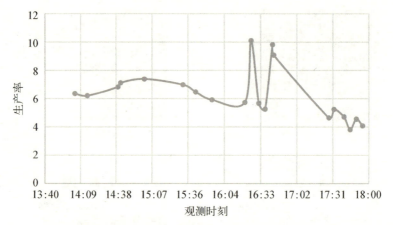

(a) 观测对象 A 的生产率随时间变化的情况(含异常值)

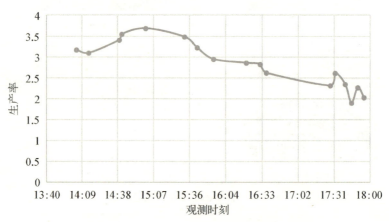

(b) 观测对象 A 的生产率随时间变化的情况(剔除异常值)

图 5-2 观测对象 A 的生产率随时间变化的情况

  剔除异常值后,可得观测对象 A 在一个下午的正常生产率随时间变化的情况。整体而言,在 14:10—14:40,由于员工学习效应的存在,生产率随着生产的进行是递增的,在 14:40—15:30,生产率是保持稳定的。15:30 之后,员工产生疲劳,生产率随着生产的进行是下降的。

  表 5-2 呈现了观测对象 B 在不同观测时刻熨烫一条裤子所花费的时间。经过折算后可得观测对象每 10 分钟的产量,从而可得观测对象 B 的生产率在一天内随时间变化的情况(图 5-3)。在上午的生产时间内,起初观测对象 B 的生产率不稳定,但整体呈现缓慢上升的过程。在 9:36—10:06,生产率变化

很小,可以认为生产率在这段时间内是保持稳定的。10:30 之后生产率开始下降。在整个上午的生产过程中,生产率先增加,然后趋于稳定,再递减。午休后,下午开始时的生产率要大于上午结束时的生产率。在生产结束前,生产率存在一个递增的过程。

表 5-2 观测对象 B 熨烫整条裤子花费的时间

观测时刻	熨烫时间(秒/每件)	观测时刻	熨烫时间(秒/每件)
8:18	165.90	10:33	151.37
8:37	125.86	10:48	156.30
8:57	141.70	10:51	138.58
9:02	165.15	11:23	137.16
9:11	158.75	11:44	145.37
9:16	170.41	14:11	131.88
9:22	148.70	15:16	129.48
9:27	152.64	15:57	133.76
9:36	145.96	16:24	152.90
9:48	143.86	17:20	172.19
10:06	141.69	17:23	167.30
10:16	148.03	17:26	159.01

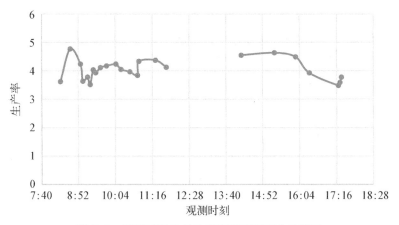

图 5-3 观测对象 B 的生产率随时间变化的情况

不论是观测对象 A 还是观测对象 B,均存在周期性疲劳特征。一般来说,在一天中早上刚上班时,员工的状态不能达到最佳,随着员工状态的调整及学习效应的存在,生产率缓慢提升;当员工的状态达到最佳时,生产率达到最佳。之后,员工疲劳的存在使得生产率递减。倘若将观测时间拉长,可得生产率随工作时间的变化情况[图 5-4(b)]。

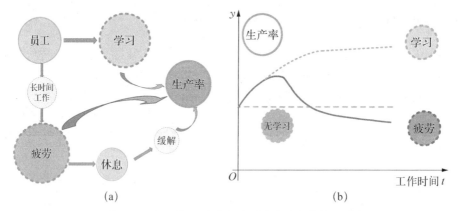

图 5-4 员工学习-疲劳行为对生产率变化的影响

图 5-4(a)中显示员工长时间工作将导致疲劳,疲劳使得生产率降低。当员工休息之后,疲劳得到缓解,当再次进行生产时,生产率增加。当员工存在学习效应时,生产率增加,但增加的速度是越来越慢的。图 5-4(b)中的曲线从上到下依次表示学习效应下的生产率、实际生产率以及无学习效应下的生产率。在不考虑疲劳的情形下,学习使得生产率增大到一定程度后趋于稳定;在考虑疲劳情形下,在生产的早期生产率的变化情况与学习情形的早期相同,由于疲劳的存在,生产率达到最大值后,经过短暂的稳定后开始递减,递减的速度先增大后减少。无学习效应下,生产率保持初始生产率不变。依据实际生产中存在的学习-稳定-疲劳现象,将生产划分为学习期-稳定期-疲劳期-休息期-再学习期。

当员工作业存在疲劳行为,经过休息后疲劳存在恢复时,生产者库存水平随时间变化的情况与生产率随时间变化的情况分别见图 5-5(a)和图 5-5(b)。当生产开始后,由于员工和设备不能立刻进入最佳状态,员工和设备等各方面存在一个逐渐适应的过程,因此,在生产的学习阶段内,生产率逐渐提高。当员工和设备进入最佳状态时,生产进入稳定期,此时的生产率达到最大。经过短暂的稳定生产以后,生产进入疲劳期,随着疲劳的累积,员工的作业状态越来越差,生产率逐渐下降。当员工疲劳到一定程度时,生产停止,进入休息状态,此时,生产率为零。经过短暂的休息之后,进入生产的再学习阶段。

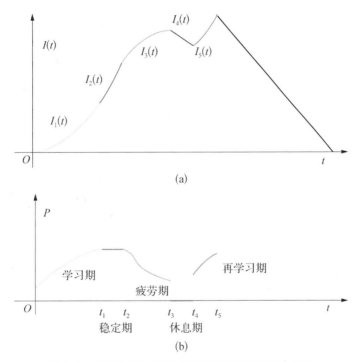

图 5-5　库存水平(a)与生产率(b)随时间变化的情况

员工在不同生产阶段的生产率不同,导致库存增加的速度不一样。在学习阶段,库存增加越来越快;在稳定阶段,库存以线性增加的趋势增加;在疲劳阶段,库存增加越来越慢;在休息阶段,生产率为零,库存减少;当员工经过短暂的休息进行再次生产时,库存增加越来越快。

5.2.1　模型假设与符号说明

5.2节模型的建立基于如下假设:

(1) 制造商面临的需求是连续的、均匀的常数 D。

(2) 单位时间单位产品的存储费为 h。

(3) 单次生产的生产准备费用为 A，单位时间的劳动费用为 l。

(4) 生产库存系统不允许缺货。

(5) 员工作业行为在学习阶段具有学习特征，在疲劳阶段具有疲劳特征。

(6) 学习阶段内的生产率大于需求率。

(7) 休息时间依赖于疲劳期的生产时间。

(8) 再学习阶段的生产时间依赖于休息时间。

(9) 生产依次经历学习阶段、稳定阶段、疲劳阶段、休息阶段、再学习阶段。不同情形下，生产在不同阶段结束。

设 $i(i=1,2,\cdots,5)$ 表示作业经历的阶段：$i=1$ 为学习阶段；$i=2$ 为稳定作业阶段；$i=3$ 为疲劳作业阶段；$i=4$ 为休息阶段；$i=5$ 为再学习阶段。$I_i(t)$ 为 t 时刻的库存水平；T_o 为完成第一件产品的生产时间；$P_i(t)$ 为 t 时刻的生产率；ε 为疲劳恢复指数；δ 为休息时间占疲劳生产时间的比例；a 为正常生理负荷下的生产率；c 为生理负荷指数；d 为正常劳动强度下的生产率；f 为劳动强度指数。

符号说明：

$m(m=1,2,3,4)$ 表示各类情形：$m=1$ 表示作业仅在学习期内进行；$m=2$ 表示作业跨过学习期，在稳定期内结束；$m=3$ 表示作业经历学习期和稳定期，在疲劳期内结束；$m=4$ 表示作业经历学习期、稳定期、疲劳期、休息期和再学习期，在再学习阶段结束。

$I_i(t)$：t 时刻的库存水平。

$P_i(t)$：t 时刻的生产率。

T_o：完成第一件产品的生产时间。

S_m：m 情形下的最大库存水平。

Q_m：m 情形下的最大产量。

T_m：m 情形下一个生产周期的总时间。

T_{md}：m 情形下的非生产时间。

在各个生产阶段和休息阶段内，制造商的库存状态方程可表示为：

$$\frac{\mathrm{d}I_i(t)}{\mathrm{d}t}=P_i(t) \qquad (5-1)$$

根据边界条件 $I_1(0)=0$, $t_0=0$, $I_{i-1}(t_{i-1})=I_i(t_{i-1})(i=2,3,4,5)$，可得各阶段库存水平随时间变化的关系为：

$$I_i(t)=I_{i-1}(t_{i-1})+\int_{t_{i-1}}^{t}P_i(u)\mathrm{d}u, \quad t_{i-1}\leqslant t\leqslant t_i \quad (5-2)$$

第 i 个阶段内的库存成本为：

$$H_{ip}=h\int_{t_{i-1}}^{t_i}I_i(t)\mathrm{d}t=h\int_{t_{i-1}}^{t_i}\int_{t_{i-1}}^{t}[P_i(u)-D]\mathrm{d}u\mathrm{d}t+h\int_{t_{i-1}}^{t_i}I_{i-1}(t_{i-1})\mathrm{d}u\mathrm{d}t \quad (5-3)$$

(1) 情形1：当 $t<t_1$ 时，生产仅在学习期内进行。

当在学习阶段内的产量能够满足市场的需求时，制造商不会额外多生产。此时，需要决策最佳的学习阶段内的生产时间，使得单位时间内的平均成本最小。假设学习阶段内的学习规律符合 Wright 学习特征，根据 Wright 学习曲线模型，完成第 x 个产品所需要的工时为 $T_x=T_o x^{-b}$。其中，T_o 为第一件产品的生产时间，b 为学习系数。当 Q 较大时，完成 Q 件产品所需要的作业时间为 $t\approx\int_0^Q T_o m^{-b}\mathrm{d}m=\dfrac{T_o Q^{1-b}}{1-b}$，则 Wright 学习曲线下的生产率为 $P(t)=\dfrac{\mathrm{d}Q}{\mathrm{d}t}$。当 $t<t_1$ 时，学习阶段的动态生产率为：

$$P_1(t)=\begin{cases}\dfrac{1}{1-b}\left(\dfrac{1-b}{T_o}\right)^{\frac{1}{1-b}}t^{\frac{b}{1-b}}, & 0<t\leqslant t_1 \\ \dfrac{1}{T_o}, & t=0\end{cases} \quad (5-4)$$

令 $\alpha=\dfrac{1}{1-b}\left(\dfrac{1-b}{T_o}\right)^{\frac{1}{1-b}}$，$\beta=\dfrac{b}{1-b}$，由 $0<b<1$，可知 $\beta>1$，$P_1(t)$ 可简化为：

$$P_1(t)=\begin{cases}\alpha t^\beta, & 0<t\leqslant t_1 \\ \dfrac{1}{T_o}, & t=0\end{cases} \quad (5-5)$$

根据式(5-2),当 $0 \leqslant t \leqslant t_1$ 时,在学习阶段的作业期内,制造商的库存水平随时间变化的关系为:

$$I_1(t) = \int_0^t (\alpha u^\beta - D) du = \frac{\alpha}{1+\beta} t^{1+\beta} - Dt \qquad (5-6)$$

根据式(5-6),在情形 1 下,制造商的最大生产量为 $Q_1 = \frac{\alpha}{1+\beta} t^{1+\beta}$,最大库存量为 $S_1 = \frac{\alpha}{1+\beta} t^{1+\beta} - Dt$,可供消耗的时间为 $T_{1d} = \frac{\alpha t^{1+\beta}}{(1+\beta)D} - t$,即非生产时间。一个生产周期的总时间为 $T_1 = \frac{\alpha t^{1+\beta}}{(1+\beta)D}$。

根据式(5-3)和式(5-6),可求得学习期内的库存成本为:

$$H_{1p} = h \int_0^t I_1(t) dt = h \left[\frac{\alpha t^{2+\beta}}{(1+\beta)(2+\beta)} - \frac{1}{2} Dt^2 \right] \qquad (5-7)$$

一个生产周期内的系统平均成本为:

$$ATC_1(t) = \frac{1}{T_1} \left[A + lt + H_{1p} + \frac{h}{2D} S_1^2 \right] \qquad (5-8)$$

即

$$ATC_1(t) = \frac{(1+\beta)D}{\alpha t^{1+\beta}} \left\{ A + lt + h \left[\frac{\alpha t^{2+\beta}}{(1+\beta)(2+\beta)} - \frac{1}{2} Dt^2 \right] + \frac{h}{2D} \left[\frac{\alpha t^{1+\beta} - D(1+\beta)t}{(1+\beta)} \right]^2 \right\} \qquad (5-9)$$

命题 5-1 $ATC_1(t)$ 是关于生产时间 t 的凸函数,存在 t^* 使得 $ATC_1(t)$ 最小。

证明:分别对 $ATC_1(t)$ 求关于 t 的一阶导数与二阶导数,有:

$$\frac{\partial ATC_1(t)}{\partial t} = \frac{[\alpha(2+\beta)t^\beta - 2(1+\beta)D]h}{2(2+\beta)} - \frac{t^{-2-\beta}A(1+\beta)^2 D + bDl(1+\beta)t^{-1-\beta}}{\alpha}$$

$$\frac{\partial^2 ATC_1(t)}{\partial t^2} = \frac{\beta t^{\beta-1} \alpha h}{2} + \frac{(2+\beta)t^{-3-\beta}A(1+\beta)^2 D + bDl(1+\beta)^2 t^{-2-\beta}}{\alpha}$$

显然，$\dfrac{\partial^2 ATC_1(t)}{\partial t^2}>0$，故 $ATC_1(t)$ 是关于 t 的凸函数。又 $\lim\limits_{t\to 0^+}\dfrac{\partial ATC_1(t)}{\partial t}\to -\infty$，$\lim\limits_{t\to\infty}\dfrac{\partial ATC_1(t)}{\partial t}\to +\infty$，令 $\dfrac{\partial ATC_1(t)}{\partial t}=0$，由于方程的非线性，这里无法给出 t^* 的显性解，但利用一维搜索方法可得 t^*。

性质 5-1 当 $t<t_1$ 时，最优生产时间 t^* 是关于 α 的减函数。

证明： 令

$$F(t^*,\alpha)=\dfrac{[\alpha(2+\beta)(t^*)^\beta-2(1+\beta)D]\alpha h}{2\alpha(2+\beta)}-\dfrac{(t^*)^{-2-\beta}A(1+\beta)^2 D+bDl(1+\beta)(t^*)^{-1-\beta}}{\alpha}=0$$

对 $F(t^*,\alpha)$ 求关于 t^* 与 α 的一阶导数，有：

$$F_{t^*}=\dfrac{\beta(t^*)^{\beta-1}\alpha h}{2}+\dfrac{(2+\beta)(t^*)^{-3-\beta}A(1+\beta)^2 D+bDl(1+\beta)^2(t^*)^{-2-\beta}}{\alpha}>0$$

$$F_\alpha=\dfrac{(t^*)^\beta h}{2}+\dfrac{(t^*)^{-2-\beta}A(1+\beta)^2 D+bDl(1+\beta)(t^*)^{-1-\beta}}{\alpha^2}>0$$

由于 $F_{t^*}>0$，$F_\alpha>0$，从而 $\dfrac{\partial t^*}{\partial \alpha}=-\dfrac{F_\alpha}{F_{t^*}}<0$，故最优生产时间 t^* 是关于 α 的减函数。证毕。

推论 5-1 最优生产时间 t^*、最大生产量 Q_1^*、最大库存量 S_1^* 均是关于 T_o 的增函数。

证明： 已知 $\alpha=\dfrac{1}{1-b}\left(\dfrac{1-b}{T_o}\right)^{\frac{1}{1-b}}\Rightarrow \dfrac{\partial \alpha}{\partial T_o}=-(1-b)^{\frac{1}{1-b}}T_o^{-\frac{2-b}{1-b}}<0\Rightarrow$

$\dfrac{\partial t^*}{\partial T_o}=\dfrac{\partial t^*}{\partial \alpha}\cdot\dfrac{\partial \alpha}{\partial T_o}=\dfrac{F_\alpha}{F_{t^*}}\cdot(1-b)^{\frac{1}{1-b}}T_o^{-\frac{2-b}{1-b}}>0$，从而最优生产时间 t^* 是关于 T_o 的增函数；已知 $\dfrac{\partial Q_1^*}{\partial t^*}=\alpha(t^*)^\beta>0\Rightarrow \dfrac{\partial Q_1^*}{\partial T_o}=\dfrac{\partial Q_1^*}{\partial t^*}\cdot\dfrac{\partial t^*}{\partial \alpha}\cdot\dfrac{\partial \alpha}{\partial T_o}>0$，从而最大生产量 Q_1^* 是关于 T_o 的增函数。根据假设，学习阶段内的生产

率大于需求率,可知 $\frac{\partial S_1^*}{\partial t^*} = \alpha(t^*)^\beta - D > 0 \Rightarrow \frac{\partial S_1^*}{\partial T_o} = \frac{\partial S_1^*}{\partial t^*} \cdot \frac{\partial t^*}{\partial \alpha} \cdot \frac{\partial \alpha}{\partial T_o} > 0$,证毕。

推论 5-1 表明,当单位产品的初始生产时间越大时,最优的学习阶段的生产时间就越长,产量和库存量就越大。单位产品的初始生产时间越大,意味着初始生产率越低,需要更长的生产时间来完成相同数量的产品。

推论 5-2 当最优生产时间 t^* 是关于学习系数 b 的增函数时,最大生产量 Q_1^* 和最大库存量 S_1^* 均是关于学习系数 b 的增函数;当最优生产时间 t^* 是关于学习系数 b 的减函数时,最大生产量 Q_1^* 和最大库存量 S_1^* 均是关于学习系数 b 的减函数。

证明:令

$$F(t^*,\beta) = \frac{[\alpha(2+\beta)(t^*)^\beta - 2(1+\beta)D]\alpha h}{2\alpha(2+\beta)} - \frac{(t^*)^{-2-\beta}A(1+\beta)^2 D + bDl(1+\beta)(t^*)^{-1-\beta}}{\alpha}$$

对 $F(t^*,\beta)$ 求关于 t^* 与 β 的一阶导数,有:

$$F_{t^*} = \frac{\beta(t^*)^{\beta-1}\alpha h}{2} + \frac{(2+\beta)(t^*)^{-3-\beta}A(1+\beta)^2 D + bDl(1+\beta)^2(t^*)^{-2-\beta}}{\alpha} > 0$$

$$F_\beta = \frac{h[\alpha \ln(t^*)(2+\beta)^2(t^*)^\beta - 2D]}{2(2+\beta)^2} + \frac{DA(1+\beta)[-2+(1+\beta)\ln(t^*)](t^*)^{-2-\beta}}{\alpha} + \frac{Dl[\beta(1+\beta)\ln(t^*) - 2\beta - 1](t^*)^{-1-\beta}}{\alpha}$$

不能判定 F_β 的正负,由此 $\frac{\partial t^*}{\partial \beta} = -\frac{F_\beta}{F_{t^*}}$ 正负也难以判定。由 $\beta = \frac{b}{1-b}$,可得 $\frac{\partial \beta}{\partial b} = \frac{1}{(1-b)^2} > 0$。最大产量 $Q_1^* = \frac{\alpha}{1+\beta}(t^*)^{1+\beta}$,进一步可得 $\frac{\partial Q_1^*}{\partial t^*} = \alpha(t^*)^\beta > 0$。根据假设,学习阶段内的生产率大于需求率,可知 $\frac{\partial S_1^*}{\partial t^*} =$

$\alpha(t^*)^\beta - D > 0$。

$$\frac{\partial t^*}{\partial b} = \frac{\partial t^*}{\partial \beta} \cdot \frac{\partial \beta}{\partial b} = -\frac{F_\beta}{F_{t^*}} \cdot \frac{\partial \beta}{\partial b}, \frac{\partial Q_1^*}{\partial b} = \frac{\partial Q_1^*}{\partial t^*} \cdot \frac{\partial t^*}{\partial \beta} \cdot \frac{\partial \beta}{\partial b}$$

$$= -\alpha(t^*)^\beta \cdot \frac{F_\beta}{F_{t^*}} \cdot \frac{\partial \beta}{\partial b}$$

$$\frac{\partial S_1^*}{\partial b} = \frac{\partial S_1^*}{\partial t^*} \cdot \frac{\partial t^*}{\partial \beta} \cdot \frac{\partial \beta}{\partial b} = -[\alpha(t^*)^\beta - D] \cdot \frac{F_\beta}{F_{t^*}} \cdot \frac{\partial \beta}{\partial b}$$

当 $F_\beta > 0$ 时,$\frac{\partial t^*}{\partial b} < 0, \frac{\partial Q_1^*}{\partial b} < 0, \frac{\partial S_1^*}{\partial b} < 0$。因此,当 t^* 是关于 b 的增函数时,Q_1^*,S_1^* 也是关于 b 的增函数。

当 $F_\beta < 0$ 时,$\frac{\partial t^*}{\partial b} < 0, \frac{\partial Q_1^*}{\partial b} < 0, \frac{\partial S_1^*}{\partial b} < 0$。因此,当 t^* 是关于 b 的减函数时,Q_1^*,S_1^* 也是关于 b 的减函数。

推论 5-2 表明,最优生产时间 t^*、最大生产量 Q_1^*、最大库存量 S_1^* 对于学习系数 b,具有相同的增减性。

命题 5-2 当生产仅在学习期内进行,$b \to 0$ 时,模型退化为经典 EPQ 模型。

证明:作业仅在学习期内进行,当 $b \to 0$ 时,$\beta = \frac{b}{1-b} \to 0$,$P_1(t) \to \frac{1}{T_0}$,系统内的生产率为常数,此时,生产库存模型退化为 EPQ 模型。证毕。

命题 5-2 说明,当学习系数为零时,经典 EPQ 模型成为情形 1 下的特例。

(2) 情形 2: 当 $t_1 < t \leqslant t_2$ 时,作业跨过学习期,在稳定期内结束。

在情形 2 下,面临的决策问题就是在给定学习阶段生产时间 t_1 的情况下,确定总的生产时间,包含学习期生产时间和稳定期生产时间,使得整个生产库存系统单位时间的平均成本最小。

当学习阶段生产结束时,员工的生产率水平达到 $P_2(t) = \alpha t_1^\beta$,员工将以 $P_2(t)$ 水平的生产率稳定地作业 $t - t_1$ 时间。根据边界条件 $I_1(t_1) = I_2(t_1)$,

在稳定期内制造商库存水平随时间变化的关系为：

$$I_2(t) = (\alpha t_1^\beta - D)t - \frac{\alpha\beta}{1+\beta}t_1^{1+\beta}, \ t < t \leqslant t_2 \quad (5\text{-}10)$$

稳定期内的库存成本为：

$$H_{2p} = h\int_{t_1}^{t} I_2(t)\mathrm{d}t = h\left[\frac{1}{2}(\alpha t_1^\beta - D)(t^2 - t_1^2) - \frac{\alpha\beta}{1+\beta}t_1^{1+\beta}(t - t_1)\right] \quad (5\text{-}11)$$

根据式(5-10)，制造商的最大库存量为 $S_2 = (\alpha t_1^\beta - D)t - \frac{\alpha\beta}{1+\beta}t_1^{1+\beta}$，可供消耗的时间为 $T_{2d} = \frac{(\alpha t_1^\beta - D)t}{D} - \frac{\alpha\beta}{(1+\beta)D}t_1^{1+\beta}$，一个生产周期的总时间为 $T_2 = \frac{\alpha t_1^\beta(1+\beta)t - \alpha\beta t_1^{1+\beta}}{(1+\beta)D}$。由此可得一个生产周期内的生产系统的平均成本为：

$$ATC_2(t) = \frac{(1+\beta)D}{\alpha t_1^\beta(1+\beta)t - \alpha\beta t_1^{1+\beta}}\left\{A + lt + h\left[\frac{1}{2}(\alpha t_1^\beta - D)(t^2 - t_1^2) - \frac{\alpha\beta}{1+\beta}t_1^{1+\beta}(t - t_1)\right] + h\left[\frac{\alpha t_1^{2+\beta}}{(1+\beta)(2+\beta)} - \frac{1}{2}Dt_1^2\right] + \frac{h}{2D}\left[\frac{(\alpha t_1^\beta - D)(1+\beta)t - \alpha\beta t_1^{1+\beta}}{1+\beta}\right]^2\right\} \quad (5\text{-}12)$$

推论 5-3 当 $t_1 < t \leqslant t_2$ 时，最大库存量 S_2^* 是关于学习期生产时间 t_1 的增函数。

证明：当 $t > t_1$ 时，生产时间包括学习期生产时间 t_1 和稳定期生产时间 m。$t = t_1 + m \Rightarrow \frac{\partial t}{\partial t_1} = 1$。又 $\frac{\partial S_2^*}{\partial t_1} = \alpha\beta t_1^{\beta-1}t + (\alpha t_1^\beta - D) - \alpha\beta t_1^\beta = m\alpha\beta t_1^{\beta-1} + (\alpha t_1^\beta - D) > 0$，故当 $t > t_1$ 时，最大库存量 S_2^* 是关于 t_1 的增函数。

(3) 情形 3：当 $t_2 < t < t_3$ 时，作业经过学习期和稳定期，在疲劳期内结束。

随着作业的进行，员工会产生作业疲劳。当员工产生疲劳后，员工的作业状态会变差，生产率也会不停地下降。现有研究指出，疲劳累积和时间的关系主要呈现指数形式(Lindstrom 等，1977；Bechtold 和 Sumners，1988；Holmér，

1994;于秀丽,2013)。奥加巴(Okogba,1983)指出疲劳和产出之间的函数是双曲线和指数函数的复合函数。贝布托德(Bechtold,1988)的研究指出,即时生产率随时间的变化关系呈现指数函数关系。林德斯特伦(Lindstrom,1997)等的研究也指出,疲劳随时间的变化关系呈现指数函数变化关系。另外,根据图 5-2(b)和图 5-3 中生产率曲线在疲劳阶段的变化规律,我们认为疲劳阶段的生产率曲线是双曲线和指数函数曲线的复合曲线,因此,假设员工在疲劳阶段的生产率随时间变化的关系为:

$$P_3(t) = ae^{-ct} + dt^{-f} + g \tag{5-13}$$

其中,$t_2 < t \leqslant t_3$。由 $P_2(t_2) = P_3(t_2) = P_1(t_1) = \alpha t_1^\beta$,可化简 $P_3(t)$,得:

$$P_3(t) = a(e^{-ct} - e^{-ct_2}) + d(t^{-f} - t_2^{-f}) + \alpha t_1^\beta \tag{5-14}$$

式(5-14)中:a 为正常生理负荷下的生产率;c 为生理负荷指数;ae^{-ct} 反映了生理负荷对生产率的影响;d 为正常劳动强度下的生产率;f 为劳动强度指数;dt^{-f} 反映了劳动强度对生产率的影响。

我们的假设基于员工的疲劳行为受内外两个因素的影响,即自身所能承受的生理负荷及工作的劳动强度。自然状态下,随着生产的进行,身体所能承受的负荷越来越小,因此,生产率越来越低。生理负荷指数越大,员工所能承受的生理负荷越小,随着生产的进行,生产率下降得越快。同一员工,在不同状态下的生理负荷不同。不同员工因体质差别,生理负荷不同。外在的工作强度或劳动强度越大,随着生产的进行,生产率下降得越快。劳动强度指数 f 越大,表明生产率下降得越快,也说明疲劳对生产率的影响越大。

根据边界条件 $I_2(t_2) = I_2(t_3)$,在疲劳期内制造商库存水平随时间变化的关系为:

$$\begin{aligned}
I_3(t) = & -\frac{a}{c}(e^{-ct} - e^{-ct_2}) + \frac{d}{1-f}(t^{1-f} - t_2^{1-f}) + \\
& (\alpha t_1^\beta - ae^{-ct_2} - dt_2^{-f} - D)(t - t_2) + \\
& (\alpha t_1^\beta - D)t_2 - \frac{\alpha\beta}{1+\beta}t_1^{1+\beta}, \quad t_2 < t \leqslant t_3
\end{aligned} \tag{5-15}$$

疲劳期内的库存成本为:

$$H_{3p}=h\left\{\frac{a}{c^2}(e^{-ct}-e^{-ct_2})+\frac{d(t^{2-f}-t_2^{2-f})}{(1-f)(2-f)}+\frac{1}{2}(\alpha t_1^{\beta}-ae^{-ct_2}-\right.$$

$$dt_2^{-f}-D)(t^2-t_2^2)+(t-t_2)\left[\frac{a}{c}e^{-ct_2}-\frac{d}{1-f}t_2^{1-f}+\right.$$

$$\left.\left.(ae^{-ct_2}+dt_2^{-f})t_2-\frac{\alpha\beta}{1+\beta}t_1^{1+\beta}\right]\right\} \tag{5-16}$$

根据式(5-14),可求得制造商的最大库存量 S_3 为:

$$S_3=-\frac{a}{c}(e^{-ct}-e^{-ct_2})+\frac{d}{1-f}(t^{1-f}-t_2^{1-f})+$$

$$(\alpha t_1^{\beta}-ae^{-ct_2}-dt_2^{-f}-D)(t-t_2)+(\alpha t_1^{\beta}-D)t_2-\frac{\alpha\beta}{1+\beta}t_1^{1+\beta}$$

$$\tag{5-17}$$

可供消耗的时间为 $T_{3d}=\dfrac{S_3}{D}$,一个生产周期的时间为 $T_3=t+\dfrac{S_3}{D}$,一个生产周期的总产量为 $Q_3=Dt+S_3$。

一个生产周期内的生产系统的平均成本为:

$$ATC_3(t)=t\frac{D}{Dt+S_3}\left(A+lt+\sum_{i=1}^{3}H_{ip}+\frac{hS_3^2}{2D}\right) \tag{5-18}$$

在式(5-7)中,用 t_1 代替 t 可得式(5-18)中的 H_{1p},在式(5-11)中,用 t_2 代替 t 可得式(5-18)中的 H_{2p}。式(5-18)中的 S_3 满足关系式(5-17), H_{3p} 满足关系式(5-16)。

推论 5-4 当 $t_2<t<t_3$ 时,最大库存量 S_3^* 是关于学习期生产时间 t_1 的增函数,是关于学习期和稳定期生产时间 t_2 的增函数。

证明: 在情形 3 下,生产时间包括学习期生产时间 t_1、稳定期生产时间 $m(m=t_2-t_1)$ 和疲劳期生产时间 $n(n=t-t_2)$,故 $t=t_1+m+n$, $t_2=t_1+m$, $t=t_2+n$,从而

$$\frac{\partial t}{\partial t_1}=1,\ \frac{\partial t_2}{\partial t_1}=1,\ \frac{\partial t}{\partial t_2}=1$$

$$\frac{\partial S_3^*}{\partial t_1} = a(\mathrm{e}^{-ct^*} - \mathrm{e}^{-ct_2}) + d[(t^*)^{-f} - t_2^{-f}] +$$
$$(\alpha\beta t_1^{\beta-1} + ac\mathrm{e}^{-ct_2} + dft_2^{-f-1})(t^* - t_2) +$$
$$\alpha\beta t_1^{\beta-1} t_2 - \alpha\beta t_1^{\beta} + (\alpha t_1^{\beta} - D)$$

$$\frac{\partial S_3^*}{\partial t_2} = a(\mathrm{e}^{-ct^*} - \mathrm{e}^{-ct_2}) + d[(t^*)^{-f} - t_2^{-f}] +$$
$$(ac\mathrm{e}^{-ct_2} + dft_2^{-f-1})(t^* - t_2) + (\alpha t_1^{\beta} - D)$$

由 $P_3(t) > D$ 及 $t > t_2$,可判定 $\frac{\partial S_3^*}{\partial t_1} > 0$, $\frac{\partial S_3^*}{\partial t_2} > 0$,从而当 $t_2 < t < t_3$ 时,最大库存量 S_3^* 是关于学习期生产时间 t_1 的增函数,是关于稳定期生产时间 t_2 的增函数。

(4) 情形 4:当 $t > t_4$ 时,作业经历学习期、稳定期、疲劳期、休息期和再学习期,在再学习期结束。

由情形 3 知,员工疲劳会导致生产率下降,从而恶化生产系统,使得系统的平均成本快速增大,因此,需要合理地安排疲劳期的生产时间,来缓解员工的疲劳,进一步降低系统的平均成本。进入再学习阶段后,生产率有一个递增的过程,需要确定再学习阶段的生产时间,使得系统的平均成本最低。因此,在情形 4 下,所面临的决策问题是决策疲劳期内的生产时间和再学习阶段的生产时间,使得整个生产库存系统单位时间内的平均成本最低。

休息期 ($t_3 \leqslant t \leqslant t_4$) 的生产率为 $P_4(t) = 0$。在休息期间,作业停止,但需求依旧存在,制造商的库存水平会下降。根据边界条件 $I_3(t_3) = I_4(t_3)$,在休息期内制造商库存水平随时间变化的关系为:

$$I_4(t) = -\frac{a}{c}(\mathrm{e}^{-ct_3} - \mathrm{e}^{-ct_2}) + \frac{d}{1-f}(t_3^{1-f} - t_2^{1-f}) +$$
$$(\alpha t_1^{\beta} - a\mathrm{e}^{-ct_2} - dt_2^{-f} - D)(t_3 - t_2) +$$
$$(\alpha t_1^{\beta} - D)t_2 - \frac{\alpha\beta}{1+\beta}t_1^{1+\beta} - D(t - t_3), \quad t_3 < t \leqslant t_4 \quad (5-19)$$

休息期内的库存成本为:

$$H_{4p}=h\left\{-\frac{a}{c}(\mathrm{e}^{-ct_3}-\mathrm{e}^{-ct_2})+\frac{d}{1-f}(t_3^{1-f}-t_2^{1-f})+(\alpha t_1^\beta-a\mathrm{e}^{-ct_2}-\right.$$
$$\left.dt_2^{-f}-D)(t_3-t_2)+(\alpha t_1^\beta-D)t_2-\frac{\alpha\beta}{1+\beta}t_1^{1+\beta}+Dt_3\right\}(t-t_3)-$$
$$\frac{1}{2}hD(t^2-t_3^2) \tag{5-20}$$

疲劳期的生产时间越长,越需要更多的时间来缓解疲劳。休息时间 t_4-t_3 依赖于疲劳期的生产时间 t_3-t_2,两者之间的关系满足 $t_4-t_3=\delta(t_3-t_2)$,其中,δ 为休息时间占疲劳生产时间的比例。

休息期内,作业停止,作业阶段内累积的部分学习经验丢失,同时休息得越充分,当再次作业时,生产第一件产品的时间也就越少。忽略前三个阶段内的经验累积及遗忘,假设休息结束后的初始生产率依赖于休息的时间长度,则再学习阶段内的生产率为:

$$P_5(t)=\begin{cases}\dfrac{1}{1-b}\left\{\dfrac{[\delta(t_3-t_2)]^\varepsilon(1-b)}{T_o}\right\}^{\frac{1}{1-b}}(t-t_4)^{\frac{b}{1-b}}, & t_4<t\\ \dfrac{1}{T_o}[\delta(t_3-t_2)]^\varepsilon, & t=t_4\end{cases}$$
$$\tag{5-21}$$

其中,ε 为疲劳恢复指数。

令 $\gamma=\dfrac{1}{1-b}\left\{\dfrac{[\delta(t_3-t_2)]^\varepsilon(1-b)}{T_o}\right\}^{\frac{1}{1-b}}$,$\beta=\dfrac{b}{1-b}$,则 $P_5(t)=$
$$\begin{cases}\gamma(t-t_4)^\beta, & t_4<t\\ \dfrac{1}{T_o}[\delta(t_3-t_2)]^\varepsilon, & t=t_4\end{cases}$$

根据边界条件 $I_4(t_4)=I_5(t_4)$,再学习阶段内,制造商的库存水平随时间变化的关系为:

$$I_5(t)=\frac{\gamma}{1+\beta}(t-t_4)^{1+\beta}-D(t-t_4)-\frac{a}{c}(\mathrm{e}^{-ct_3}-\mathrm{e}^{-ct_2})+$$

$$\frac{d}{1-f}(t_3^{1-f}-t_2^{1-f})-\frac{\alpha\beta}{1+\beta}t_1^{1+\beta}+(\alpha t_1^\beta-a\mathrm{e}^{-ct_2}-dt_2^{-f}-$$
$$D)(t_3-t_2)-D(t_4-t_3)+(\alpha t_1^\beta-D)t_2,\quad t_4<t \qquad (5\text{-}22)$$

再学习期内的库存成本为：

$$H_{5p}=\frac{h\gamma(t-t_4)^{2+\beta}}{(1+\beta)(2+\beta)}-\frac{1}{2}hD(t^2-t_4^2)+h\Big[Dt_3-\frac{a}{c}(\mathrm{e}^{-ct_3}-\mathrm{e}^{-ct_2})+$$
$$\frac{d}{1-f}(t_3^{1-f}-t_2^{1-f})+(\alpha t_1^\beta-D)t_2-\frac{\alpha\beta}{1+\beta}t_1^{1+\beta}+$$
$$(\alpha t_1^\beta-a\mathrm{e}^{-ct_2}-dt_2^{-f}-D)(t_3-t_2)\Big](t-t_4) \qquad (5\text{-}23)$$

再学习阶段的生产时间依赖于休息时间，休息时间越长，再生产阶段的生产时间越长，有 $t-t_4=\kappa\delta(t_3-t_2)$，其中，$\kappa$ 为再学习生产时间占休息时间的比例。根据 $t_4-t_3=\delta(t_3-t_2)$，可得 $t_3=\dfrac{t+(1+\kappa)\delta t_2}{1+\delta+\kappa\delta}$，$t_4=\dfrac{t+\delta t-\kappa\delta t_2-2\kappa\delta^2 t_2-2\kappa^2\delta^2 t_2}{1+\delta+\kappa\delta}$。

当再学习的阶段作业结束后，根据式(5-22)，制造商的最大库存水平 S_4 为：

$$S_4=\frac{\gamma}{1+\beta}(t-t_4)^{1+\beta}-Dt+Dt_3-\frac{a}{c}(\mathrm{e}^{-ct_3}-\mathrm{e}^{-ct_2})+\frac{d}{1-f}(t_3^{1-f}-t_2^{1-f})+$$
$$(\alpha t_1^\beta-a\mathrm{e}^{-ct_2}-dt_2^{-f}-D)(t_3-t_2)+(\alpha t_1^\beta-D)t_2-\frac{\alpha\beta}{1+\beta}t_1^{1+\beta} \qquad (5\text{-}24)$$

当作业停止后，可供消耗的时间为 $\dfrac{S_4}{D}$，消耗期间的库存成本为 $\dfrac{hS_4^2}{2D}$。考虑生产时间和消耗时间，可知一个周期的生产时间为 $T=t+\dfrac{S_4}{D}$。

在情形 4 下，一个周期内的生产系统的平均成本为：

$$ATC_4(t)=\frac{D}{Dt+S_4}\Big(A+lt+\sum_{i=1}^{5}H_{ip}+\frac{hS_4^2}{2D}\Big) \qquad (5\text{-}25)$$

在式(5-7)中,用 t_1 代替 t 可得式(5-25)中的 H_{1p};在式(5-11)中,用 t_2 代替 t 可得式(5-25)中的 H_{2p};在式(5-17)中,用 t_3 代替 t 可得式(5-25)中的 H_{3p};在式(5-19)中,用 t_4 代替 t 可得式(5-25)中的 H_{4p}。H_{5p} 满足式(5-23)。式(5-25)中的 S_4 满足关系式(5-24)。

5.2.2 求解算法

情形 4 下,对 $ATC_4(t)$ 求极小值,即求无约束的非线性规划问题。由于式(5-25)的高度非线性,难以给出最优解的解析表达式,因此,采用数值方法来分析 $ATC_4(t)$ 的一些性质。这里采用牛顿迭代法进行求解。牛顿迭代法的基本思想是利用目标函数的二次泰勒展开,并将其极小化。牛顿迭代法使用函数的泰勒级数的前面几项来寻找方程的根,是把非线性方程线性化的一种近似方法。其最大优点是在方程的单根附近具有平方收敛。

令 $f(X)=ATC_4(t)$,求解步骤如下:

步骤 1:给定初始值 X_0,允许误差 ε(本书 $\varepsilon=0.0001$);

步骤 2:计算 $X_n = X_{n-1} - \dfrac{f(X_{n-1})}{f'(X_{n-1})}$;

步骤 3:若 $|X_n - X_{n-1}| < \varepsilon$,转到步骤 4,否则,转到步骤 2;

步骤 4:最优生产时间 $t^* = X^* = X_n$。

在情形 4 下,员工应在 $t_3^* \left[t_3^* = \dfrac{t^* + (1+\kappa)\delta t_2}{1+\delta+\kappa\delta} \right]$ 时刻停止作业进行休息,休息时间为 $\dfrac{t^* - t_2}{1+\delta+\kappa\delta}$。在 $t_4^* \left(t_4^* = \dfrac{t^* + \delta t^* - \kappa\delta t_2 - 2\kappa\delta^2 t_2 - 2\kappa^2\delta^2 t_2}{1+\delta+\kappa\delta} \right)$ 时刻,进入再学习阶段的作业。在 t^* 时刻,整个作业停止。可以采用相同的方法,得到情形 3 下的整个最优生产时间。

5.2.3 数值与敏感性分析

(1) 基本参数。

生产准备成本 $A=100$(元/次),需求 $D=12$(单位/单位时间),单位时间的作业费用 $l=10$(元/单位时间),存储费 $h=0.2$[元/(单位·单位时间)],完成第一件产品的生产时间 $T_0=0.04$(单位时间),学习系数 $b=0.54$,正常生理负荷下的生产率 $a=50$,生理负荷指数 $c=1.3$,正常劳动强度下的生产率 $d=180$,劳动强度指数 $f=1.28$,疲劳恢复指数 $\varepsilon=0.04$,休息时间占疲劳生产时间的比例 $\delta=2.04$,再学习阶段生产时间占休息时间的比例 $\kappa=0.9$。

(2) 最优解。

情形1下,根据命题5.1的证明过程,求得最佳的生产时间为0.7705(单位时间),最优的平均成本 $ATC_1(t^*)=21.47$(元/单位时间),最大库存量 $S_1^*=105$(单位),最大生产量 $Q_1^*=115$(单位),一个周期的非生产时间为8.7921(单位时间),一个周期的总时间为 $T_1^*=9.5626$(单位时间)。

情形2下,当学习期的生产时间 $t_1=0.50$(单位时间)时,整体最优生产时间 $t^*=0.8592$(单位时间),稳定期的生产时间为0.3592,最优的平均成本 $ATC_2(t^*)=21.52$(元/单位时间)。

情形3下,当 $t_1=0.50$(单位时间),$t_2=0.75$(单位时间)时,整体最优生产时间 $t^*=0.8708$(单位时间),疲劳阶段的最优生产时间为 $t^*-t_2=0.1208$(单位时间)。最优的平均成本 $ATC_3(t^*)=21.53$(元/单位时间)。疲劳的存在使得情形3下的平均成本要高于情形2下的平均成本。

情形4下,当 $t_1=0.50$(单位时间),$t_2=0.75$(单位时间)时,生产需要在 $t_3^*=0.8491$(单位时间)时刻停止,休息0.2022(单位时间),然后进入再学习生产阶段,再学习生产阶段的生产时间为0.1820(单位时间)。最优的平均成本 $ATC_4(t^*)=21.62$(元/单位时间)。情形4下的疲劳阶段的生产时间为0.0991(单位时间),要少于情形3下疲劳阶段的生产时间。

(3) 敏感性分析。

① 情形1下学习系数 b、第一件产品的生产时间 T_0 变化带来的影响。图5-6与图5-7中的横坐标为学习系数和第一件产品生产时间占原值的比例。所占比例的增大反映出学习系数和第一件产品生产时间的增大。图5-6显示,当学习系数满足一定的条件时,随着学习系数的增大,最优生产时间减少(推论5-1);当学习系数大于特定值时,随着学习系数的增大,最优生产时间减少(推论5-3)。学习系数变化对最大生产量的影响与对最优生产时间

的影响一致。随着 T_0 的增大,最优生产时间增大(推论 5-4),且呈线性增加趋势。

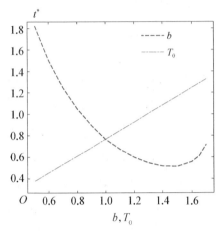

图 5-6 b, T_0 变化对最优生产时间的影响

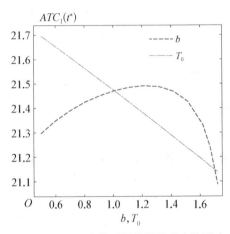

图 5-7 b, T_0 变化对最优平均成本的影响

由图 5-7 知,随着学习系数的增大,最优成本呈现先增大后减少的倒 U 型特征。学习系数的增大意味着学习率的下降,也意味着可改善的空间很多。在改善的初期,投入学习成本,学习带来的成本的降低不能即时体现,但坚持持续改善,终会带来成本的降低。T_0 越大意味着初始生产率较低,需要更长时间的生产,才能生产出满足需要数量的产品。生产时间的延长,降低了系统的单位时间平均成本。学习带来的成本减少不足以弥补对学习的投入。

② 情形 1 下生产准备成本 A、单位时间生产费用 l 和单位存储费 h 变化带来的影响。表 5-3 反映了参数变化对最优生产时间的影响,第一列为各参数占原值的百分比,其他列中的数值为最优生产时间。例如,当生产准备费用 A 为原值的 50% 时,最优的生产时间为 0.6629(单位时间)。由表 5-3 可知,当生产准备费用越大时,最优的生产时间也越来越长,但增加的速度越来越慢(图 5-8)。生产时间的延长,使得最大库存量和最大生产量均增加,进而延长了非生产时间,使得一个周期的生产时间增加。生产时间的延长,不仅增加了生产费用,而且增加了产品的库存保管费用,各种因素的综合作用使得平均成本增加。

表 5-3 各参数变化对最优生产时间 t^* 的影响

参 数	A	D	l	h
0.5	0.6629	0.6529	0.7670	0.9032
0.6	0.6894	0.6818	0.7677	0.8662
0.7	0.7128	0.7074	0.7684	0.8361
0.8	0.7338	0.7303	0.7691	0.8109
0.9	0.7529	0.7512	0.7698	0.7893
1.0	0.7705	0.7705	0.7705	0.7705
1.1	0.7869	0.7885	0.7712	0.7539
1.2	0.8021	0.8052	0.7719	0.7391
1.3	0.8164	0.8210	0.7726	0.7257
1.4	0.8299	0.8360	0.7733	0.7135
1.5	0.8427	0.8500	0.7740	0.7023

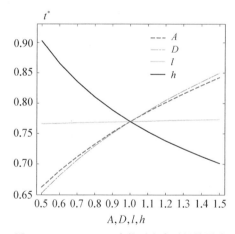

图 5-8 A, D, l, h 变化对生产时间的影响　　图 5-9 A, D, l, h 变化对平均成本的影响

单位时间单位产品库存成本的增加要求减少库存量,因此,最优生产时间随单位时间单位产品库存成本的增大而减少。需求的增大要求生产更多的产品来满足需求,因而生产时间也就越长(表 5-3,图 5-8),最大生产量和最大库存量也就越大。最大库存量的变化导致整体存储费用的增大,进而使得最优平均成本增大(图 5-9)。随着需求规律性地递增,最优生产时间和最优平均成本增加的速度越来越缓慢。

由表 5-3 可知,虽然单位时间生产费用 l 的增加会带来最优生产时间的延长,但是由图 5-8 知,最优生产时间对 l 变化并不敏感,进而使得最优平均成本对 l 变化不敏感。单位存储费用的增大要求制造商减少生产量,以缓解单位存储费用增加导致的整体库存费用增加,因此,要减少生产量就需要缩短生产时间,图 5-8 显示随着 h 的增大,最优生产时间也越来越短。生产准备成本、单位时间生产成本和单位时间单位产品存储费用的增大,并不优化系统的生产结构,没有带来系统的改善,反而增加了系统的内耗,这些成本的增大均会导致系统平均成本的增大。

③ 情形 2 下 t_1 变化带来的影响。图 5-10 反映了学习期生产时间变化对最优生产时间及稳定期生产时间的影响。随着学习期生产时间的延长,学习期内的平均生产率增大,稳定期内的生产率同样增大。生产相同数量的产品,越高的生产率所需的生产时间越短。当学习期的生产时间趋向 0.770 5(单位时间)时,稳定期的生产时间 $(t^* - t_1)$ 趋向于零,同时总生产时间趋向于 0.770 5(单位时间)。当 $t_1 \geqslant 0.55$ 时,总生产时间趋于稳定,随着学习期生产时间的延长,稳定期的生产时间越来越短,直至趋近于零。图中两曲线之间的差值即为学习期生产时间,因此,随着 t_1 的增大,两曲线之间的差值增大。

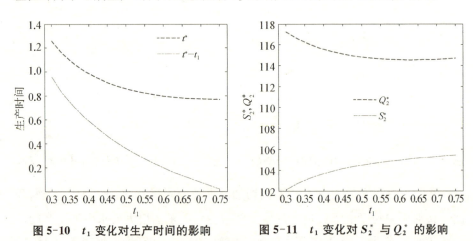

图 5-10 t_1 变化对生产时间的影响　　图 5-11 t_1 变化对 S_2^* 与 Q_2^* 的影响

图 5-11 反映了学习期生产时间变化对最大生产量及最大库存量的影响。当 $t_1 < 0.63$(单位时间)时,最大生产量随学习期生产时间的增加而减小,且减小的速度越来越慢;当 $t_1 > 0.63$(单位时间)时,最大生产量随学习期生产

时间的增加而增加,且增加的速度越来越快。当 $t_1 < 0.63$(单位时间)时,随着 t_1 的增大,总生产时间的减少降低了最大生产量;当 $t_1 \geqslant 0.63$(单位时间)时,随着 t_1 的增大,总生产时间趋于稳定,高水平的生产率使得最大生产量增加。图 5-11 显示最大库存量随学习期生产时间的增加而增加,但增加的速度越来越慢。当 t_1 较小时,随着 t_1 的增大,尽管生产量减少,但总生产时间的减小使得该段时间的需求也减少,综合作用下,随着 t_1 的增大,库存量增加。

图 5-12 反映了学习期生产时间变化对最优平均成本的影响呈现 S 型变化曲线。当 $t_1 < 0.32$(单位时间)时,随着 t_1 的增大,由于最大库存量增大,进而导致库存费用增加,使得系统最优平均成本增大。当 $t_1 \geqslant 0.32$(单位时间)时,随着 t_1 的增大,最优平均成本递减,但不同的 t_1,最优平均成本递减的速度不一样,整体而言,随着 t_1 的增大,递减的速度越来越慢。

当生产在稳定期内终止时,最佳的生产时间依赖于学习期的生产时间,给定初始生产率和学习系数,学习期的生产时间越长,则进入稳定期后,生产率水平越高。当给定需求和单位产品存储成本时,并不是在稳定期的生产时间越长越好。倘若以高水平的生产率持续生产下去,则会造成库存积压,增大库存成本,进而增大系统的平均成本。

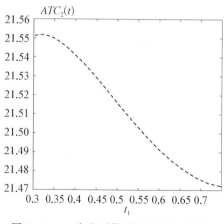

图 5-12 t_1 变化对最优平均成本的影响

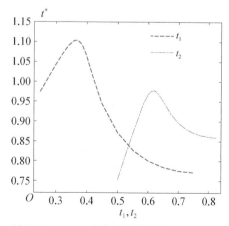

图 5-13 t_1、t_2 变化对最优生产时间的影响

④ 情形 3 下学习期生产时间 t_1、学习期与稳定期生产时间 t_2 变化带来的影响。首先分析学习期生产时间 t_1 变化带来的影响。由图 5-13 知,不同时

间段,递增或减少的速度不一样。当 $t_1<0.36$(单位时间)时,随着 t_1 的增大,最优生产时间 t^* 也增大,且增大的速度越来越慢(图 5-13);t_1 的增大也使得最大库存量 S_3^* 快速增加(图 5-15),学习期的延长使得生产达到稳定期时,具有高水平的生产率,综合作用下 t_1 的增大使得平均成本下降(图 5-14)。

当 $t_1>0.36$(单位时间)时,随着 t_1 的增大,最优生产时间 t^* 减少,但减小的速度先递增后递减(图 5-13);t_1 的增大使得最大库存量 S_3^* 缓慢增加后趋于稳定(图 5-15)。由于最优生产时间减少及最大库存量趋于稳定,随着 t_1 的增大,系统的平均成本缓慢减少后趋于稳定(图 5-14)。t_2 变化带来的影响与 t_1 变化带来的影响一致,这是因为稳定期的延长,制造商以高水平的生产率运行较长时间,高水平的生产率降低了整个系统运营成本。t_1 与 t_2 变化对疲劳期生产时间的影响与对总生产时间的影响一致。图 5-15 显示,随着 t_1、t_2 的增大,最大库存量增大,这也印证了推论 5-4 的正确性。

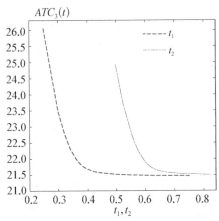 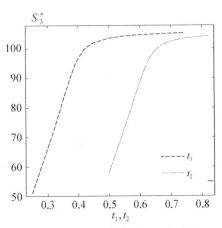

图 5-14　t_1、t_2 变化对 $ATC_3(t)$ 的影响　　　图 5-15　t_1、t_2 变化对 S_3^* 的影响

⑤ 情形 3 下 a,c,d,f 变化带来的影响。图 5-13 与图 5-14 中的横坐标表示各系数占原值的百分比,从左到右,所占原值的比例越来越大,可反映出正常生理负荷下生产率 a、正常劳动强度下生产率 d、劳动力强度指数 f 增大给最优生产时间和最优平均成本带来的影响。当给定学习期生产时间和稳定期生产时间时,总生产时间的变化趋势也即疲劳期生产时间的变化趋势。由图 5-16 与图 5-17 知,疲劳期生产时间及系统的平均成本对正常生理负荷

下生产率 a 的变化并不敏感。随着正常生理负荷下生产率 a 的增大，疲劳期生产时间延长，系统的平均成本增加。随着正常劳动强度下生产率 d 的增加，疲劳期生产时间近乎呈线性增加趋势，系统的平均成本增加，且增大的速度越来越快。

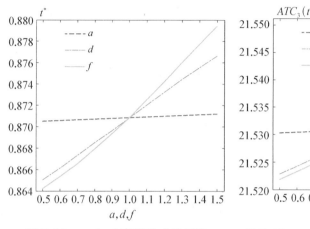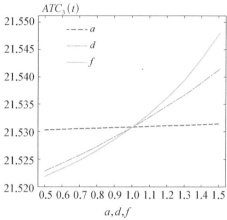

图 5-16　a，d，f 变化对 t^* 的影响　　图 5-17　a，d，f 变化对 $ATC_3(t)$ 的影响

劳动强度指数 f 越大，表明生产率下降得越快，也说明疲劳对生产率的影响越大。随着劳动强度指数 f 的增大，最优的疲劳期生产时间及系统的平均成本越来越大，且递增的速度越来越快。f 越大表明疲劳得越快，为了生产足够数量的产品，就需要延长疲劳期生产时间，而疲劳期生产时间的延长会加剧疲劳，形成恶性循环，导致系统的平均成本增大，且递增的速度越来越快。因此，当员工疲劳加剧时，需要终止生产，让员工进行合理的休息以缓解疲劳。员工疲劳加剧时，生产率快速下降，继续生产是不明智的，因为此时的生产率是低水平的，即使进行生产，也需要更长时间，从而继续恶化生产系统，使得平均成本快速增加。

图 5-18 与图 5-19 中的横坐标为生理负荷指数 c 的原始值，生理负荷指数 c 值的变化对疲劳期生产时间和系统平均成本的影响大体一致，均呈现倒 U 型特征。生理负荷指数 c 值越大，意味着员工承受的生产负荷越大，疲劳得越迅速，随着生产的进行，生产率快速下降。当生理负荷指数 c 值较小时，随着生理负荷指数 c 的增大，疲劳期生产时间增加，系统的平均成本增大。当生理负荷指数 c 值较大时，随着 c 的增大，疲劳期生产时间减少，系统的平均成本减少。

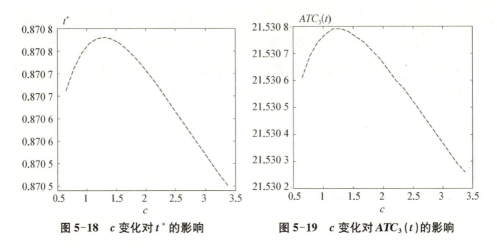

图 5-18　c 变化对 t^* 的影响　　　　图 5-19　c 变化对 $ATC_3(t)$ 的影响

⑥ 情形 4 下 δ、κ 变化带来的影响。表 5-4 与表 5-5 反映了不同 ε 下，δ 和 κ 的变化对疲劳期生产时间、休息期生产时间和再学习生产时间的影响。δ 的增加意味着疲劳加剧，需要更长的休息时间来进行缓解，其中的内在要求就是减少疲劳期的生产时间。由表 5-4 可知，不管 ε 取何值，随着 δ 的增加，疲劳期的生产时间均减少。图 5-21 显示，随着 δ 的增加，疲劳期的生产时间均减少，但递减的速度不一样。当 $\delta < 1.5$ 时，随着 δ 的增加，疲劳期的生产时间递减得越来越慢；当 $\delta \geqslant 1.5$ 时，随着 δ 的增加，疲劳期的生产时间递减得越来越快。尽管随着 δ 的增加，疲劳期的生产时间减少，且休息时间依赖于疲劳期生产时间，但 δ 的增加弥补了减少，使得休息时间增加。同时，由于在休息时间内需求依旧存在，休息结束之后进入再学习阶段进行生产时，需要更长的生产时间来生产（表 5-4）。

表 5-4　δ 变化对疲劳期生产时间、休息时间、再学习生产时间的影响

δ	$\varepsilon=0.06$			$\varepsilon=0.04$			$\varepsilon=0.02$		
	$t_3^*-t_2$	$t_4^*-t_3^*$	$t_5^*-t_4^*$	$t_3^*-t_2$	$t_4^*-t_3^*$	$t_5^*-t_4^*$	$t_3^*-t_2$	$t_4^*-t_3^*$	$t_5^*-t_4^*$
0.17	0.1181	0.0201	0.0181	0.1181	0.0201	0.0181	0.1181	0.0201	0.0181
0.51	0.1128	0.0575	0.0518	0.1128	0.0576	0.0518	0.1129	0.0576	0.0518
0.85	0.1083	0.0921	0.0828	0.1084	0.0921	0.0830	0.1085	0.0922	0.0829
1.19	0.1049	0.1248	0.1124	0.1051	0.1250	0.1125	0.1052	0.1252	0.1127

续 表

δ	$\varepsilon=0.06$			$\varepsilon=0.04$			$\varepsilon=0.02$		
	$t_3^*-t_2$	$t_4^*-t_3^*$	$t_5^*-t_4^*$	$t_3^*-t_2$	$t_4^*-t_3^*$	$t_5^*-t_4^*$	$t_3^*-t_2$	$t_4^*-t_3^*$	$t_5^*-t_4^*$
1.53	0.1022	0.1564	0.1408	0.1026	0.1569	0.1412	0.1028	0.1574	0.1416
1.87	0.0997	0.1865	0.1679	0.1003	0.1876	0.1689	0.1008	0.1886	0.1697
2.21	0.0970	0.2143	0.1928	0.0978	0.2162	0.1946	0.0986	0.2179	0.1962
2.55	0.0938	0.2392	0.2152	0.0949	0.2419	0.2177	0.0959	0.2445	0.2200
2.89	0.0903	0.2609	0.2349	0.0915	0.2644	0.2380	0.0927	0.2679	0.2410
3.23	0.0866	0.2799	0.2518	0.0879	0.2837	0.2556	0.0892	0.2879	0.2592
3.57	0.0829	0.2960	0.2665	0.0842	0.3008	0.2706	0.0855	0.3054	0.2748

表 5-5　κ 变化对疲劳期生产时间、休息时间、再学习生产时间的影响

κ	$\varepsilon=0.06$			$\varepsilon=0.04$			$\varepsilon=0.02$		
	$t_3^*-t_2$	$t_4^*-t_3^*$	$t_5^*-t_4^*$	$t_3^*-t_2$	$t_4^*-t_3^*$	$t_5^*-t_4^*$	$t_3^*-t_2$	$t_4^*-t_3^*$	$t_5^*-t_4^*$
0.10	0.1282	0.2614	0.0262	0.1282	0.2615	0.0261	0.1282	0.2615	0.0261
0.30	0.1186	0.2421	0.0726	0.1187	0.2422	0.0726	0.1187	0.2423	0.0727
0.50	0.1111	0.2267	0.1134	0.1113	0.2270	0.1136	0.1114	0.2274	0.1136
0.70	0.1047	0.2136	0.1495	0.1051	0.2144	0.1500	0.1054	0.2151	0.1506
0.90	0.0984	0.2007	0.1807	0.0991	0.2022	0.1820	0.0998	0.2035	0.1832
1.10	0.0921	0.1877	0.2066	0.0931	0.1899	0.2090	0.0941	0.1919	0.2111
1.30	0.0859	0.1752	0.2277	0.0872	0.1778	0.2313	0.0884	0.1804	0.2345
1.50	0.0801	0.1633	0.2451	0.0816	0.1664	0.2496	0.0830	0.1693	0.2541
1.70	0.0748	0.1525	0.2593	0.0764	0.1558	0.2650	0.0780	0.1590	0.2704
1.90	0.0700	0.1427	0.2712	0.0717	0.1462	0.2779	0.0734	0.1496	0.2843

由图 5-20 知,最优平均成本随 δ 的增加呈现先增加后减少的趋势。由表 5-4 知,休息时间随 δ 的增加而增加,因此,需要具体分析休息对降低成本的影响。当休息时间较短时,疲劳不能缓解,且当工人休息时依旧要为工人付出薪酬,短暂的休息反而会增加系统的平均成本。当休息时间超过某一定值时,

随着休息时间的延长,平均成本降低。这是因为当休息越充分时,进入再学习阶段时有较高的初始生产率,高水平的生产率降低了平均成本。休息时间的延长可以降低平均成本,但这并不意味着无限地延长休息时间,员工的疲劳得到缓解之后就应该进行再生产。

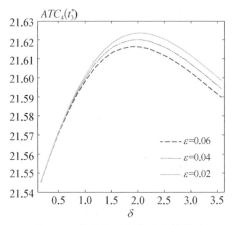

图 5-20　δ 变化对最优成本的影响　　图 5-21　δ 变化对最优疲劳期生产时间的影响

当 $\delta > 2$ 时,结合图 5-20 与图 5-21,将横坐标从右至左观察,随着疲劳期的生产时间的增加,系统的平均成本增大。这是因为在疲劳期内,随着生产的进行,生产率快速下降,生产的时间越长,平均生产率越低,由此导致系统的平均成本越大。

κ 越大意味着需要更长的再学习阶段的生产时间来弥补休息导致的减产损失。由表 5-5 知,不管 ε 取何值,随着 κ 的增大,疲劳期的生产时间减少,休息时间减少,再学习阶段内的生产时间增加。从产量角度分析,再学习阶段的产量可以弥补疲劳期减少的产量,因此,随着 κ 的增大,再学习阶段内的生产时间增加,疲劳期的生产时间减少。

结合图 5-19 与图 5-20,将横坐标从右至左观察,随着疲劳期的生产时间的增加,系统的平均成本增大,但增大的速度递减。同样,这是由于疲劳期的生产时间的延长,导致系统的平均生产率降低引发的。

κ 变化与 δ 变化带来的影响相比,κ 的增大使得疲劳期的生产时间减少,休息时间减少,再学习阶段内的生产时间增加,而 δ 增大使得疲劳期的生产时间减少,休息时间增加,再学习阶段内的生产时间增加。图 5-20 至图 5-23 显示,当 $\varepsilon=0.06$ 时,曲线总是在最下方;当 $\varepsilon=0.04$ 时,曲线总是在中间;当 $\varepsilon=0.02$ 时,曲线总是在最上方。ε 越大,表明休息带来的恢复作用越好,所需要的疲劳期生产时间也就越少,因此,生产系统的平均成本越低。

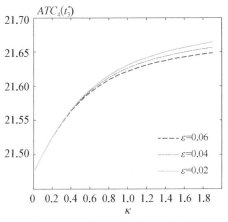

图 5-22　κ 变化对最优成本的影响　　图 5-23　κ 变化对最优疲劳期生产时间的影响

5.2.4　本节小结

根据作者在企业实际调研发现的现象,本节将生产划分为学习阶段、稳定阶段、疲劳阶段、休息阶段和再学习阶段,依据生产终止所在的阶段建立了四类情形下的 EPQ 模型。模型分析结果表明,管理者需要在最优的生产时间和最优生产成本之间找到平衡。延长学习期生产时间,对降低成本是非常有利的。当生产在疲劳阶段结束时,无论是学习期的生产时间还是稳定期的生产时间的延长,均使得总生产时间先延长后缩短,由此导致平均成本迅速减少后趋于稳定。适当的休息,可以缓解员工的疲劳,也可降低系统的平均成本,但休息时间过多会导致实际劳动生产率下降,导致系统的平均成本增大;管理者应设法降低生产准备成本、单位时间生产成本及单位产品单位时间存储成本,只要降低这些成本,就可使得系统的平均成本降低;当管理者预先知道可能后期生产时间会延长时,则事先应当降低疲劳期的生产时间,以减缓疲劳带来的不良影响。

5.2节考虑的是单一利益主体的制造商,没有延伸到供应链的上下游,5.3节将拓展到两级库存中。

5.3 疲劳不存在恢复的生产-库存联合优化

5.3.1 模型描述、假设与符号说明

(1) 模型描述。

本小节的问题描述与3.2节相似,生产-库存系统由一个OEM供应商与一个OEM品牌商构成。本小节与3.4.1小节的不同在于,3.4.1小节所描述的作业过程仅在学习阶段内进行,而本小节所要探讨的生产过程包括学习阶段、稳定阶段和疲劳阶段。图5-24(a)为OEM供应商采用JIT供货策略向OEM品牌商供货时,OEM供应商真实的库存水平随时间变化的情况;图5-24(b)显示当OEM供应商不供货时,产品的累积库存随时间变化的情况;图5-24(c)为OEM供应商生产率随时间变化的情况。本小节与3.4.1节的不同还在于,OEM品牌商在质检过程中存在两类质检风险。一类风险是将质量合格的产品检测为质量缺陷产品,这类风险也叫弃真风险。这类风险将导致生产者产生损失,也叫生产者风险。二类风险是将不良品检测为合格品的风险,这类风险将导致消费者产生损失,因此也叫消费者风险。

(2) 模型假设。

本节模型的建立基于如下假设:

① 生产-库存系统由一个OEM供应商和一个OEM品牌商构成。

② OEM供应商采用JIT供货策略向OEM品牌商供货。

③ 由于生产过程的不完备,OEM供应商生产的产品存在质量缺陷,缺陷率为γ,且服从均匀分布,概率密度为$f(\gamma)$。

④ 在学习期内完成Q件数量产品的生产。

⑤ OEM品牌商面临的需求为D,系统不允许缺货。

⑥ 质检过程瞬时完成,单位质检成本ϑ(元/单位)。

⑦ 质检过程中存在一类风险和二类风险,在两类风险下,综合缺陷率为

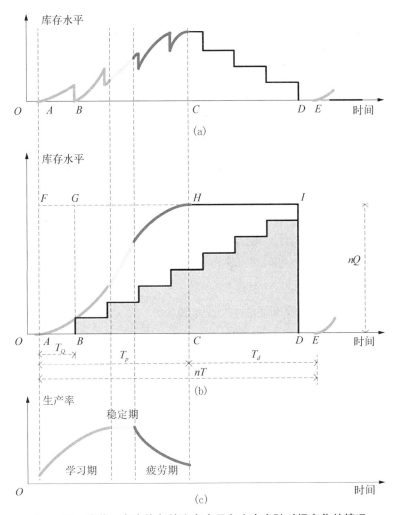

图 5-24 疲劳不存在恢复的库存水平和生产率随时间变化的情况

$\gamma_e = (1-\gamma)m_1 + \gamma(1-m_2)$。$m_1$ 为一类质检风险发生的概率,m_2 为二类质检风险发生的概率。

(8) 学习阶段结束的时刻为 t_1,稳定阶段结束的时刻为 t_2,疲劳阶段结束的时刻为 t_3。稳定阶段的生产时间为 t_2-t_1,疲劳阶段的生产时间为 t_3-t_2。

(9) 在学习阶段,学习规律遵循 Wright 学习曲线。在学习期的生产率为 $P_1(t) = \alpha t^\beta (0 < t \leqslant t_1)$,其中,$\alpha = \dfrac{1}{1-b}\left(\dfrac{1-b}{T_0}\right)^{\frac{1}{1-b}}$,$\beta = \dfrac{b}{1-b}$,$b$ 为学习

系数，T_0 为第一件产品的生产时间。在稳定期的生产率为 $P_2(t)=\alpha t_1^\beta$。在疲劳期的生产率为 $P_3(t)=a(\mathrm{e}^{-ct}-\mathrm{e}^{-ct_2})+d(t^{-f}-t_2^{-f})+\alpha t_1^\beta$，$a$ 为正常生理负荷下的生产率，c 为生理负荷指数，d 为正常劳动强度下的生产率，f 为劳动强度指数。

（3）符号说明。

涉及 OEM 供应商的参数和变量：

n：一个生产周期内的供货次数（决策变量）；

Q：一个生产周期内的单次供货量（决策变量）；

Q_p：一个生产周期内的生产总量 $Q_p=nQ$（决策变量）；

T_0：第一件产品的生产时间；

T：连续两次供货的时间间隔；

S_v：生产准备成本（元/次）；

v：单位缺陷品质量保证成本（元/单位）；

l：单位时间生产成本（元/年）；

h_v：单位产品单位时间存储成本[元/(单位·年)]；

H_{1p}：在不供应情况下，学习阶段的库存成本；

H_{2p}：在不供应情况下，稳定阶段的库存成本；

H_{3p}：在不供应情况下，疲劳阶段的库存成本。

涉及 OEM 品牌商的参数和变量：

S_B：订购成本（元/每次）；

F：单次运输成本（元/每次）；

ϑ：单位质检成本（元/单位）；

h_B：单位产品单位时间存储成本[元/(单位·年)]。

5.3.2 模型构建与分析

（1）OEM 供应商成本模型。

当 OEM 供应商生产的产品不供应时，其库存水平随时间变化的情况如图 5-24 所示。在该情形下，OEM 供应商在学习阶段内的库存水平随时间变化的情况为：

$$I_1(t) = \frac{\alpha}{1+\beta}t^{1+\beta}, \ 0 \leqslant t \leqslant t_1 \tag{5-26}$$

在稳定阶段内的库存水平随时间变化的情况为：

$$I_2(t) = \alpha t_1^\beta t - \frac{\alpha\beta}{1+\beta}t_1^{1+\beta}, \ t_1 \leqslant t \leqslant t_2 \tag{5-27}$$

在疲劳阶段内的库存水平随时间变化的情况为：

$$\begin{aligned}I_3(t) = &-\frac{a}{c}(\mathrm{e}^{-ct} - \mathrm{e}^{-ct_2}) + \frac{d}{1-f}(t^{1-f} - t_2^{1-f}) + \\ &(\alpha t_1^\beta - a\mathrm{e}^{-ct_2} - dt_2^{-f})(t - t_2) + \\ &\alpha t_1^\beta t_2 - \frac{\alpha\beta}{1+\beta}t_1^{1+\beta}, \ t_2 \leqslant t \leqslant t_3\end{aligned} \tag{5-28}$$

学习阶段内的库存成本为：

$$H_{1p} = h_v \int_0^{t_1} I_1(t)\mathrm{d}t = \frac{h_v \alpha t_1^{2+\beta}}{(1+\beta)(2+\beta)}, \ 0 \leqslant t \leqslant t_1 \tag{5-29}$$

稳定阶段内的库存成本为：

$$H_{2p} = h_v \int_{t_1}^{t_2} I_2(t)\mathrm{d}t = h_v \left[\frac{1}{2}\alpha t_1^\beta(t_2^2 - t_1^2) - \frac{\alpha\beta}{1+\beta}t_1^{1+\beta}(t_2 - t_1)\right], \ t_1 \leqslant t \leqslant t_2 \tag{5-30}$$

疲劳阶段内的库存成本为：

$$\begin{aligned}H_{3p} = h_v \Bigg\{ &\frac{a}{c^2}(\mathrm{e}^{-ct_3} - \mathrm{e}^{-ct_2}) + \frac{d(t_3^{2-f} - t_2^{2-f})}{(1-f)(2-f)} + \frac{1}{2}(\alpha t_1^\beta - a\mathrm{e}^{-ct_2} - dt_2^{-f})(t_3^2 - t_2^2) + \\ &(t_3 - t_2)\left[\frac{a}{c}\mathrm{e}^{-ct_2} - \frac{d}{1-f}t_2^{1-f} + (a\mathrm{e}^{-ct_2} + dt_2^{-f})t_2 - \frac{\alpha\beta}{1+\beta}t_1^{1+\beta}\right] \Bigg\}, \\ &t_2 \leqslant t \leqslant t_3,\end{aligned} \tag{5-31}$$

在学习阶段内，完成 Q 件产品所需要的时间为 $T_Q = \left[\dfrac{Q(1+\beta)}{\alpha}\right]^{\frac{1}{1+\beta}}$。

连续两次供货的时间间隔为 $T = \dfrac{(1-\gamma_e)Q}{D}$，期望供货时间间隔为 $\mathrm{E}[T] =$

$\dfrac{E[(1-\gamma_e)]Q}{D}$。一个生产周期内,OEM 供应商的供货库存成本为 $h_v = \dfrac{n(n-1)Q}{2}T$,在非生产时间 CD 时间段内的,承担的库存成本为 $h_v = nQ[nT - t_3 - (T - T_Q)]$。

根据式(5-16)有,$I_3(t_3) = Q_p$,可得总生产时间 t_3 与总产量 Q_p 之间的关系满足式(5-20)。

$$Q_p = -\dfrac{a}{c}(e^{-ct_3} - e^{-ct_2}) + \dfrac{d}{1-f}(t_3^{1-f} - t_2^{1-f}) +$$

$$(at_1^\beta - ae^{-ct_2} - dt_2^{-f})(t_3 - t_2) + \alpha t_1^\beta t_2 - \dfrac{\alpha\beta}{1+\beta}t_1^{1+\beta} \quad (5\text{-}32)$$

性质 5-2 ① Q_p 是关于 α 的增函数;② Q_p 是关于 T_o 的减函数。

证明: ① $\dfrac{\partial Q_p}{\partial \alpha} = t_1^\beta(t_3 - t_2) + t_1^\beta t_2 - \dfrac{\beta}{1+\beta}t_1^{1+\beta}$,

由于 $t_2 \geqslant t_1$,$\dfrac{\beta}{1+\beta} < 1$,从而 $t_1^\beta t_2 - \dfrac{\beta}{1+\beta}t_1^{1+\beta} > 0$,$\dfrac{\partial Q_p}{\partial \alpha} > 0$。

② 已知 $\dfrac{\partial \alpha}{\partial T_0} = -(1-b)^{\frac{1}{1-b}} T_0^{\frac{2-b}{1-b}} < 0$,$\dfrac{\partial Q_p}{\partial \alpha} > 0 \Rightarrow \dfrac{\partial Q_p}{\partial T_0} = \dfrac{\partial Q_p}{\partial \alpha} \cdot \dfrac{\partial \alpha}{\partial T_0} < 0$。证毕。

在一个生产周期内,OEM 供应商的总成本包括生产准备成本、对于缺陷品的质量保证成本、生产成本及存储成本,即:

$$TC_v(n, Q) = S_v + vnQ\gamma_e + lt_3 + H_{1p} + H_{2p} + H_{3p} +$$

$$h_v\left\{nQ[nT - t_3 - (T - T_Q)] - \dfrac{n(n-1)Q}{2}T\right\} \quad (5\text{-}33)$$

(2) OEM 品牌商成本模型。

品牌商库存控制采用连续检查库存控制策略,采用经济订货批量模型 EOQ 策略。考虑质量缺陷因素后,品牌商平均库存为 $\dfrac{(1-\gamma_e)^2 Q^2}{2D}$。在一个生产周期内，OEM 供应商供货 n 次的条件下，品牌商的年总成本为：

$$TC_B(n,Q) = S_B + nF + \vartheta nQ + h_B \frac{(1-\gamma_e)^2 Q^2}{2D} \qquad (5\text{-}34)$$

式(5-34)中的第一项为订购成本，第二项为运输成本，第三项为质检成本，第四项为存储成本。

当品牌商与 OEM 供应商构成一个虚拟体进行集中决策时，虚拟体能够从整体利益出发，作出使整体成本最小的决策。生产-库存系统的总成本为：

$$\begin{aligned}TC(n,Q) &= TC_v(n,Q) + TC_B(n,Q)\\ &= S_v + vnQ\gamma_e + lt_3 + S_B + nF + \vartheta nQ + \\ &\quad h_B \frac{(1-\gamma_e)^2 Q^2}{2D} + H_{1p} + H_{2p} + H_{3p} + \\ &\quad h_v \left\{ nQ[nT - t_3 - (T - T_Q)] - \frac{n(n-1)Q}{2}T \right\} \end{aligned} \qquad (5\text{-}35)$$

由于缺陷率是随机的，采用报酬更新定理可得生产-库存系统的平均成本为：

$$\begin{aligned}ATC(n,Q) &= \frac{\mathrm{E}[TC(n,Q)]}{n\mathrm{E}[T]} = \frac{D}{n\mathrm{E}[(1-\gamma_e)]Q} \Big\{ S_v + vnQ\mathrm{E}[\gamma_e] + lt_3 + \\ &\quad S_B + nF + \vartheta nQ + \frac{nh_B Q^2}{2D}\mathrm{E}[(1-\gamma_e)^2] + H_{1p} + H_{2p} + H_{3p} + \\ &\quad h_v \left\{ nQ[(n-1)\mathrm{E}[T] + T_Q - t_3] - \frac{n(n-1)Q}{2}\mathrm{E}[T] \right\} \Big\} \end{aligned}$$

$$(5\text{-}36)$$

式(5-36)中的 H_{1p}、H_{2p}、H_{3p}、t_3 依次满足关系式(5-29)、式(5-30)、式(5-31)、式(5-32)。采用 3.5 节所描述的算法，求解使得 $ATC(n,Q)$ 最小的最优供货次数 n^* 和最优供货量 Q^*。

5.3.3 数值与算例分析

生产准备成本 $S_v = 380$（元/次）；单位缺陷品质量保证成本 $v = 30$（元/双）；OEM 供应商单位产品的年存储成本 $h_v = 2$［元/（双·年）］；年生产成本

$l=300\,000$(元/年);学习期生产时间 $t_1=0.014$ 年;稳定期生产时间为 $t_2-t_1=0.008$;学习系数 $b=0.54$;第一件产品的生产时间 $T_0=0.00025$;疲劳相关参数 $a=1\,000$, $c=2.3$, $d=280$, $f=1.53$;品牌商订购成本 $S_B=20$(元/每次);单次运输成本 $F=25$(元/每次);单位产品的质检成本 $\vartheta=0.5$(元/单位);单位产品的年存储成本 $h_B=5$[元/(双·年)];品牌商面临的需求为 $D=50\,000$(双/年)。一类质检风险发生的概率为 $m_1=0.03$,二类质检风险发生的概率为 $m_2=0.05$。产品的缺陷率 γ 服从均匀分布,概率密度如下:

$$f(\gamma)=\begin{cases}\dfrac{1}{\beta}, & 0\leqslant\gamma\leqslant\beta\\ 0, & 其他\end{cases}$$

取 $\beta=0.04$,易得 $E[\gamma_e]=0.0484$, $E[1-\gamma_e]=0.9516$, $E[(1-\gamma_e)^2]=0.9057$。

由表 5-6 知,当 $l=300\,000$ 时,最优供货次数为 $n^*=6$ 次,最优单次供货量为 $Q^*=793$(双),疲劳期的最优生产时间为 $t_3-t_2=0.0148$(年),最小平均成本为 $ATC(n^*,Q^*)=233\,611.42$(元/年)。当不存在疲劳期,将稳定期的生产时间延长为 0.0222 时,系统的整个生产时间为 0.0362,此时最优供货次数为 $n^*=6$ 次,最优单次供货量为 $Q^*=866$(双),最小平均成本为 $ATC(n^*,Q^*)=223\,394.51$(元/年)。疲劳的存在使得成本增加了 $10\,216.91$(元/年)。表 5-6 也显示当年生产成本 l 增大时,最优的供货次数保持不变,但单次供货量减少,最优平均成本增大。

表 5-6 不同年生产成本下最优平均成本随供货次数的变化情况

$l=150\,000$				$l=300\,000$				$l=450\,000$			
n	Q	t_3	$ATC(n,Q)$	n	Q	t_3	$ATC(n,Q)$	n	Q	t_3	$ATC(n,Q)$
3	1 531	0.035 0	174 276.87	3	1 541	0.035 2	234 308.46	3	1 545	0.035 3	294 338.80
4	1 173	0.035 7	173 818.56	4	1 170	0.035 6	233 848.44	4	1 169	0.035 6	293 878.11
5	954	0.036 3	173 625.66	5	944	0.036 0	233 659.72	5	941	0.035 8	293 691.03
6*	805*	0.036 8*	173 570.50*	6*	793*	0.036 2*	233 611.42*	6*	788*	0.036 0*	293 645.43*
7	698	0.037 2	173 596.16	7	684	0.036 5	233 645.53	7	678	0.036 2	293 682.86
8	617	0.037 6	173 673.25	8	602	0.036 7	233 732.21	8	596	0.036 3	293 773.32

续 表

$l=150\,000$				$l=300\,000$				$l=450\,000$			
n	Q	t_3	$ATC(n,Q)$	n	Q	t_3	$ATC(n,Q)$	n	Q	t_3	$ATC(n,Q)$
9	554	0.0380	173 785.00	9	538	0.0369	233 854.48	9	532	0.0365	293 899.76
10	503	0.0384	173 921.12	10	487	0.0371	234 001.95	10	480	0.0366	294 051.72

注:"*"表示最优解。

图 5-25 与图 5-26 中的横坐标为 T_0 占原值的比例,图 5-25 与图 5-26 可反映出不同学习系数下单位产品初始生产时间变化对最优平均成本和疲劳阶段最优生产时间的影响。T_0 越大表明单位产品的初始生产时间越大,由此表明初始生产率越低。初始生产率越低,系统的平均成本越高。随着 T_0 的增大,系统的最优平均成本增大,且增大的速度越来越快。另外,随着 T_0 的增大,不同学习系数之间的成本差距也在扩大。当 $b=0.58$ 时,曲线在最下方,说明学习系数越大,学习效应对降低成本发挥的作用越明显。

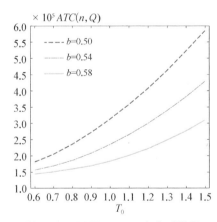

图 5-25 不同 b 下 T_0 变化对最优平均成本的影响

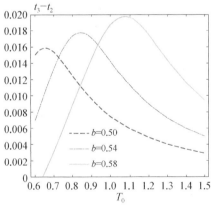

图 5-26 不同 b 下 T_0 变化对疲劳期生产时间的影响

图 5-26 显示不同学习系数下疲劳阶段的最优生产时间不同,且随 T_0 的增大先增大后减少。这表明较小的初始生产率并不一定延长或缩短疲劳期的最优生产时间。当 T_0 为原始值时,学习系数越大,最优的疲劳期生产时间也越长。不同学习系数下,曲线达到的峰值不同,当 $b=0.58$ 时,曲线的峰值最大。

劳动强度指数 f 越大,表明作业者越容易疲劳,由此导致生产率下降越快。在图 5-27 中，观察 $b=0.50$ 时的曲线，随着劳动强度 f 的增大，疲劳阶段的最优生产时间迅速下降后趋于稳定，递减的速度先增大后减少。学习系数越大，随着劳动强度 f 的增大，疲劳期的生产时间递减得越缓慢。当 $f>1.5$ 时，$b=0.58$ 时的曲线在最上方，表明学习系数越大，最优的疲劳期生产时间也越长。随着 f 的增大，不同学习系数下最优生产时间递减的速度先增大后减少。随着劳动强度 f 的增大，生产率快速下降，导致平均生产率降低，另外使得疲劳期生产时间缩短，最终导致系统的平均成本增加（图 5-28）。系统的平均成本增加的速度与疲劳期的生产时间递减的速度先增大后减少的现象类似。当疲劳期的生产时间趋于稳定时，系统的平均成本也趋于稳定。

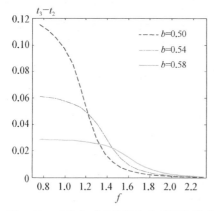

图 5-27　f 变化对疲劳期生产时间的影响　　图 5-28　f 变化对最优平均成本的影响

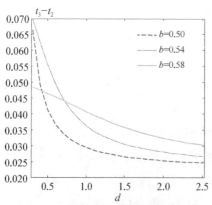

图 5-29　正常劳动强度下的生产率 d 变化对疲劳期生产时间的影响

图 5-29 显示，正常劳动强度下的生产率 d 越大，疲劳阶段的生产时间越短。当 $b=0.50$ 和 0.54 时，随着 d 的增大，疲劳阶段的生产时间呈现出双曲线式的减少，迅速减少后趋于稳定。当 $b=0.58$ 时，随着 d 的增加，疲劳期的生产时间递减，且递减的速度越来越慢。

当学习阶段的生产时间和稳定阶段的总生产时间 t_2 保持不变时，表 5-7 反映了不同学习系数下，学习阶段生产时

5 基于员工学习-疲劳行为的生产-库存联合优化

间变化对最优供货次数、最优单次供货量、最优平均成本、疲劳阶段生产时间的影响。由表 5-7 知,最优供货次数随着学习阶段生产时间 t_1 的增大而增大。当供货次数保持不变时,最优单次供货量随着 t_1 的增大而增大。

表 5-7 不同学习系数下最优平均成本随学习阶段生产时间的变化情况

t_1	$b=0.50$				$b=0.54$				$b=0.58$			
	n	Q	t_3	ATC (n,Q)	n	Q	t_3	ATC (n,Q)	n	Q	t_3	ATC (n,Q)
0.007	2	565	0.023 9	458 266.44	2	835	0.024 9	354 097.71	3	0.026 6	885	273 505.38
0.008	2	643	0.024 4	421 595.32	3	660	0.025 9	323 396.76	4	0.028 4	832	248 867.14
0.009	2	724	0.025 0	393 197.55	3	771	0.026 9	299 809.71	5	0.030 5	824	230 445.00
0.010	2	806	0.025 6	370 561.07	3	894	0.028 2	281 208.04	6	0.032 8	841	216 224.59
0.011	2	891	0.026 4	352 084.72	4	776	0.029 8	266 046.85	7	0.035 3	870	205 011.31
0.012	3	656	0.027 3	336 613.01	5	718	0.031 7	253 471.57	9	0.037 7	809	196 045.66
0.013	3	720	0.028 3	323 458.26	5	824	0.033 8	242 791.38	10	0.039 5	841	188 832.35
0.014	3	789	0.029 4	312 124.17	6	793	0.036 2	233 611.42	11	0.040 5	861	183 002.45
0.015	3	863	0.030 7	302 219.27	7	783	0.039 0	225 625.13	13	0.041 3	809	178 261.07
0.016	4	712	0.032 2	293 370.09	8	787	0.041 9	218 621.44	14	0.041 4	812	174 383.63
0.017	4	779	0.033 8	285 434.17	9	798	0.044 9	212 455.38	15	0.041 2	808	171 190.01
0.018	5	687	0.035 8	278 225.53	10	811	0.047 6	207 022.34	15	0.040 7	847	168 539.85
0.019	5	755	0.037 8	271 578.32	11	823	0.050 1	202 239.47	16	0.040 3	832	166 326.07
0.020	6	697	0.040 3	265 432.67	13	772	0.052 5	198 031.51	17	0.039 9	816	164 467.66
0.021	6	769	0.042 8	259 674.75	14	779	0.054 1	194 334.99	17	0.039 4	841	162 898.77

最优平均成本随学习阶段生产时间 t_1 的增大而减小,因为 t_1 越大,达到稳定期时的生产率越大,提升了整个生产阶段的平均生产率,从而系统的平均成本越低。t_1 的延长也会延长疲劳阶段的生产时间,因为疲劳阶段的初始生产率水平随 t_1 的延长而提升。表 5-7 也显示学习系数 b 越大,相同时间内的产量越大,疲劳期的生产时间也越长,系统的平均成本越低,这是因为 b 越大,学习效果越明显,完成单位产品所用的生产时间越短。

5.3.4 本节小结

根据员工作业过程中存在的学习-疲劳行为,本节建立了疲劳不存在恢复的生产-库存联合优化模型。OEM供应商的员工在作业过程中依次经历了学习阶段、稳定阶段、疲劳阶段。研究结果表明,各阶段生产时间的延长均会增加总产量。年生产成本的增加使得最优供货次数保持不变,单次供货量减少,系统的平均成本增大。学习阶段的生产时间的延长导致最优供货次数增加。当供货次数保持不变时,最优单次供货量随学习阶段的生产时间的增加而增加。学习系数越大,表明学习效果越好,疲劳阶段的最优生产时间也越长,系统的平均成本越低。劳动强度越大,员工疲劳得越迅速,生产率下降得越快,继续生产是不明智的,因为此时的生产率是低水平的,即使进行生产,也需要更长时间,从而继续恶化生产系统,使得平均成本快速增加。当劳动强度越大时,需要缩短疲劳期的生产时间,防止疲劳加剧,形成恶性循环,导致系统的平均成本增大。因此,当员工疲劳加剧时,需要中止生产,让员工进行合理的休息,以缓解疲劳。

本节在建模过程中没有考虑员工存在休息时间,在 5.4 节中,我们将着重分析疲劳缓解带来的影响。

5.4 疲劳存在恢复的生产-库存联合优化

5.4.1 模型描述、假设与符号说明

本节延续 5.3 节的模型假设及符号说明。本节与 5.3 节的不同在于,本节 OEM 供应商的员工在疲劳之后存在一个休息阶段,经过短暂的休息之后,会再次进入一个学习阶段。本节新增的假设是作业经历了疲劳阶段之后,进入休息期,休息期的生产率 $P_4(t)=0$,疲劳期的生产时间越长,越需要更多的时间来缓解疲劳,休息时间 t_4-t_3 依赖于疲劳期的生产时间 t_3-t_2,两者之间的关系满足 $t_4-t_3=\delta(t_3-t_2)$。休息结束之后进入再学习阶段,再学习阶段的生产时间依赖于休息时间,休息时间越长,再学习阶段的生产时间越长,再学习阶段的生产时间与休息时间的关系满足 $t_5-t_4=\kappa(t_4-t_3)$。κ 为再学习

生产时间占休息时间的比例。休息期内,生产停止,生产阶段内累积的部分学习经验丢失,同时休息得越充分,当再次生产时,完成第一件产品的时间也就越少。忽略前三个阶段内的经验累积及遗忘,假设休息结束后的初始生产率依赖于休息的时间长度。则再学习阶段内的生产率为 $P_5(t)=\gamma(t-t_4)^\beta(t_4<t\leqslant t_5)$,其中,$\gamma=\dfrac{1}{1-b}\left\{\dfrac{[\delta(t_3-t_2)]^\varepsilon(1-b)}{T_0}\right\}^{\frac{1}{1-b}}$,$\beta=\dfrac{b}{1-b}$。

图 5-30 反映了当 OEM 供应商的员工存在疲劳恢复时,库存水平和生产率随时间变化的关系。图 5-30(a)为 JIT 供应下,OEM 供应商真实的库存水

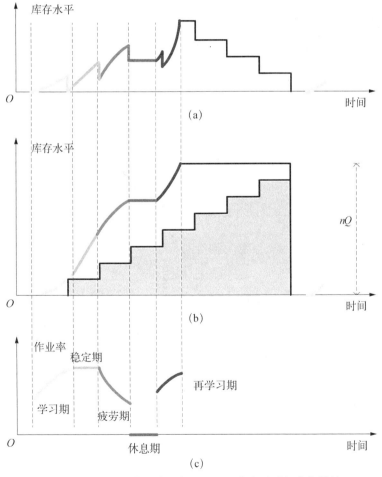

图 5-30 疲劳存在恢复的库存水平和生产率随时间变化的情况

平随时间变化的情况；图 5-30(b)为 OEM 供应商生产的产品累积库存随时间变化的情况；图 5-30(c)为 OEM 供应商生产率随时间变化的情况。图 5-30 与图 5-24 的不同在于增加了休息期和再学习期。

5.4.2 模型构建与分析

当 OEM 供应商生产的产品不供应时，其在学习期、稳定期、疲劳期的库存成本满足关系式(5-29)、式(5-30)、式(5-31)。

根据本节增加的假设，可得休息期内的库存成本为：

$$H_{4p} = h_v \left\{ -\frac{a}{c}(e^{-ct_3} - e^{-ct_2}) + \frac{d}{1-f}(t_3^{1-f} - t_2^{1-f}) + \right.$$
$$\left. (at_1^\beta - ae^{-ct_2} - dt_2^{-f})(t_3 - t_2) + at_1^\beta t_2 - \frac{\alpha\beta}{1+\beta}t_1^{1+\beta} \right\}(t_4 - t_3)$$

(5-37)

式(5-37)中的 t_4 满足关系式 $t_4 = \delta(t_3 - t_2) + t_3$。

根据再学习阶段内生产率随时间变化的规律，可得再学习阶段内的库存成本为：

$$H_{5p} = \frac{h_v \gamma (t_5 - t_4)^{2+\beta}}{(1+\beta)(2+\beta)} + h_v \left[-\frac{a}{c}(e^{-ct_3} - e^{-ct_2}) + \frac{d}{1-f}(t_3^{1-f} - t_2^{1-f}) + \right.$$
$$\left. at_1^\beta t_2 - \frac{\alpha\beta}{1+\beta}t_1^{1+\beta} + (at_1^\beta - ae^{-ct_2} - dt_2^{-f})(t_3 - t_2) \right](t_5 - t_4)$$

(5-38)

式(5-26)中的 t_5 满足关系式 $t_5 = \kappa\delta(t_3 - t_2) + t_4$。

当作业在再学习阶段内结束时，总产量 Q_p 为：

$$Q_p = \frac{\gamma}{1+\beta}(t_5 - t_4)^{1+\beta} - \frac{a}{c}(e^{-ct_3} - e^{-ct_2}) + \frac{d}{1-f}(t_3^{1-f} - t_2^{1-f}) +$$
$$(at_1^\beta - ae^{-ct_2} - dt_2^{-f})(t_3 - t_2) + at_1^\beta t_2 - \frac{\alpha\beta}{1+\beta}t_1^{1+\beta} \qquad (5-39)$$

参照 5.3 节式(5-24)计算疲劳存在恢复下的生产-库存系统的年平均

成本为：

$$ATC(n,Q) = \frac{\mathrm{E}[TC(n,Q)]}{n\mathrm{E}[T]}$$

$$= \frac{D}{n\mathrm{E}[(1-\gamma_e)]Q}\Big\{S_v + vnQ\mathrm{E}[\gamma_e] + lt_5 + S_B + nF + \vartheta nQ +$$

$$\frac{nh_B Q^2}{2D}\mathrm{E}[(1-\gamma_e)^2] + H_{1p} + H_{2p} + H_{3p} + H_{4p} + H_{5p} +$$

$$h_v\Big\{nQ[(n-1)\mathrm{E}[T] + T_Q - t_5] - \frac{n(n-1)Q}{2}\mathrm{E}[T]\Big\}\Big\}$$

(5-40)

式(5-40)中的 H_{1p}、H_{2p}、H_{3p}、H_{4p}、H_{5p}、t_5 依次满足式(5-29)、式(5-30)、式(5-31)、式(5-32)、式(5-33)、式(5-34)。

采用3.5节所描述的算法,求解使得 $ATC(n,Q)$ 最小的最优供货次数 n^* 和最优供货量 Q^*。

5.4.3 数值与算例分析

各参数取值与5.3节相同,新增参数 $\delta=0.9$,$\varepsilon=0.12$,$\kappa=1.8$。可得当 $m_1=0.03$,$m_2=0.05$ 时,最优供货次数 $n^*=57$,最优单次供货量 $Q^*=806$,最优生产时间 $t_3^*=0.08163$,最优疲劳期生产时间为0.05963,系统平均成本为222 116.81,相比于疲劳不存在恢复时,疲劳存在恢复时,最优的单次供货量和供货次数明显增加,但系统的平均成本却更低(222 116.81 < 233 611.42)。

表5-8显示了 $m_2=0.05$ 时不同 m_1 下的最优决策,当 $m_2=0.05$ 时,最优供货次数 $n=57$,最优单次供货量 $Q^*=819$,最优平均成本 $ATC(n,Q)=$ 222 116.81。由表5-8知,随着 m_1 的增大,将质量合格产品检测为质量缺陷产品的概率越来越大,此时,最优供货次数减少,单次供货量增加,疲劳阶段生产时间、休息时间、再学习阶段的生产时间均延长,最终导致系统的平均成本增加。

表5-8 一类风险 m_1 变化对最优决策的影响($m_2=0.05$)

m_1	n	Q	t_3	t_4	t_5	$ATC(n,Q)$
0.03	57	806	0.081 63	0.135 30	0.231 91	222 116.81
0.05	57	819	0.082 10	0.136 19	0.233 55	257 055.90
0.07	56	847	0.082 56	0.137 07	0.235 18	293 476.72
0.09	56	861	0.083 06	0.138 01	0.236 92	331 475.63
0.11	56	876	0.083 56	0.138 97	0.238 71	371 158.43
0.13	56	892	0.084 09	0.139 97	0.240 55	412 640.20
0.15	55	924	0.084 61	0.140 95	0.242 38	456 046.37
0.17	55	941	0.085 16	0.142 01	0.244 33	501 515.16

表5-9 显示了 $m_1=0.03$ 时,不同 m_2 下的最优决策。由表5-9知,随着 m_2 的增大,将质量缺陷产品检测为质量合格产品的概率越来越大,此时,最优供货次数保持不变,单次供货量减少,疲劳阶段生产时间、休息时间、再学习阶段的生产时间均缩短,最终导致系统的平均成本减少。相对于 m_1 变化带来的影响,m_2 变化给最优解带来的影响较弱。

表5-9 二类风险 m_2 变化对最优决策的影响($m_1=0.03$)

m_2	n	Q	t_3	t_4	t_5	$ATC(n,Q)$
0.03	57	807	0.081 64	0.135 32	0.231 94	222 815.56
0.05	57	806	0.081 63	0.135 30	0.231 91	222 116.81
0.07	57	806	0.081 62	0.135 28	0.231 87	221 418.42
0.09	57	806	0.081 61	0.135 27	0.231 84	220 720.82
0.11	57	805	0.081 60	0.135 25	0.231 81	220 023.59
0.13	57	805	0.081 60	0.135 23	0.231 77	219 327.15
0.15	57	805	0.081 59	0.135 21	0.231 74	218 631.07
0.17	57	805	0.081 58	0.135 19	0.231 71	217 935.78

图5-31反映了当 $\varepsilon=0.12$ 时,δ 变化对最优生产时间的影响;当 $\delta<0.7$ 时,随着 δ 的增加,最优休息时间有一个快速递增的过程;当 $\delta>0.7$ 时,随着 δ 的增加,最优休息时间呈线性增加的趋势。图5-32说明了适当地延长休息

时间确实可以降低成本。在不同时段,休息时间的延长对降低成本发挥的作用不同。当 $\delta(t_3-t_2)<0.0537$ 时,随着休息时间的延长,系统平均成本快速减少,且减少的速度越来越快。当 $\delta(t_3-t_2)>0.0537$ 时,尽管随着休息时间的延长,系统平均成本也减少,但递减的速度越来越慢。这提示管理者在安排员工休息时,休息时间不能太短,休息时间太短尽管可以降低成本,但员工的疲劳不能得到缓解。休息时间不能太长,休息时间充分尽管可以缓解疲劳,但休息时间过长会拉低系统的整体平均生产率,同时,休息时间依然要支付员工的报酬,使得系统的平均成本增加。

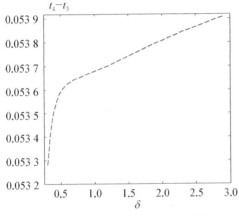

图 5-31 δ 变化对休息时间的影响

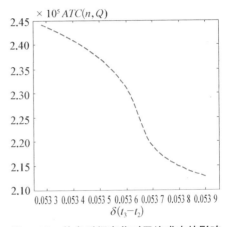

图 5-32 休息时间变化对平均成本的影响

图 5-33 反映了不同 ε 下,δ 变化对平均成本的影响。不论 ε 取何值,当 $\delta<1$ 时,随着 δ 的增加,系统的平均成本快速降低;当 $\delta>1$ 时,系统的平均成本递减趋缓。这与 δ 增加导致疲劳阶段最优生产时间延长和休息时间延长有关,由休息时间延长导致系统平均成本降低。当 ε 变大时,经过休息之后的初始生产率越高,可以弥补疲劳阶段低水平生产率造成的损失,由此放宽了疲

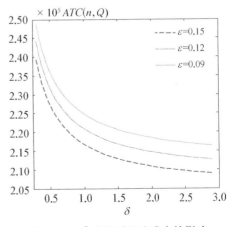

图 5-33 δ 变化对平均成本的影响

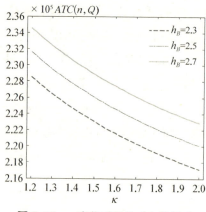

图 5-34 κ 变化对平均成本的影响

劳阶段的生产时间。当疲劳阶段的生产时间延长时,系统平均成本降低,导致ε越大系统的平均成本越低。

图 5-34 反映了 OEM 品牌商单位存储成本不同时,κ 变化对平均成本的影响。OEM 品牌商单位存储成本越高,系统的平均成本越高。单位存储成本的增加不会优化系统结构,只会恶化系统。κ 越大表明再学习阶段的生产时间越长,随着 κ 的增加,疲劳阶段的生产时间减少,但休息时间却在增加,员工的疲劳可以得到充分缓解,当再次作业时以更高水平的生产率进行生产,由此导致系统的平均成本降低。

5.4.4 本节小结

本节建立了疲劳存在恢复的生产-库存联合优化模型。与疲劳不存在恢复的模型相比,本节在建立模型时,增加了员工作业的休息阶段和再学习阶段。分析结果表明,疲劳存在恢复时,最优供货次数和单次供货量增加,但系统的平均成本降低。随着质检一类风险发生概率的增加,最优供货次数减少,单次供货量增加,系统的平均成本增大。质检二类风险发生概率的增加会使得系统的平均成本略微减少。在不同时段,休息时间的延长对成本的降低作用不同,存在一个最合理的休息时间。

5.5 疲劳存在终末激发期的生产-库存联合优化

5.3 节研究的疲劳期没有考虑在作业结束前生产率有一个突然增加的过程。在实际上生活中,很多方面都存在此类现象,球赛快结束时,运动员踢得更加卖力;跑步时在最后的冲刺阶段,会跑得更快;考试结束之前,会更快地填满试卷;员工在任务结束之前,会加速地生产。本节基于此类现象,建立了疲劳存在终末激发期的生产-库存模型。在终末激发期内,存在生产率快速提高的过程。图 5-35 显示了某服装厂员工在生产结束前真实的生产率随时间变化的情况。由图 5-35 知,在生产结束前,生产率有一个明显的递增过程。

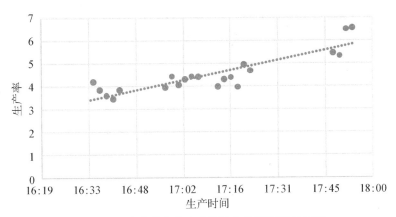

图 5-35 生产结束前生产率随生产时间变化情况

本节与 5.3 节和 5.4 节不同在于:本节的生产率增加和减少采用线性增加和线性减少。在疲劳作业期间,作业快结束时存在终末激发阶段,不存在休息阶段和再学习作业阶段。

5.5.1 模型描述、假设与符号说明

将 5.3 节的假设(8)变为,员工在作业过程中会经历学习期、稳定期、疲劳期和终末激发期,四个阶段所需的时间依次为 t_1、t_2-t_1、t_3-t_2、t_4-t_3。在学习期内生产率随时间变化的关系有 $P_1=at+b$,$t\leqslant t_1$,其中,a 为单位时间内生产率增加率;b 为初始生产率;因系统不允许缺货,$b>D$。当生产经历了 t_1 时间后,生产率达到 P_2,在稳定期内,生产率稳定在 $P_2=at_1+b$ 水平。

分析图 5-36(b)在 t_4 时刻之前的曲线变化规律,在学习期,累积的库存量逐步增加,且增加的速度越来越快;在稳定期,库存量增加的速度保持不变;在疲劳期,库存量增加的速度越来越小;在终末激发期,库存量增加的速度越来越快。图 5-36(b)中在 t_4 时刻之前的库存曲线为学习-稳定-疲劳-终末激发库存曲线。

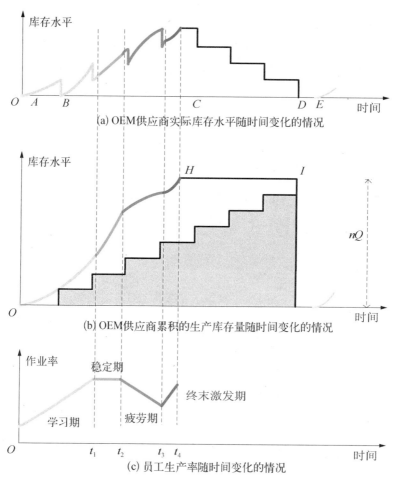

图 5-36 疲劳存在终末激发期的库存水平和生产率随时间变化的情况

当生产经历过稳定期后进入疲劳期,疲劳期的生产率随时间变化的关系有 $P_3=-c(t-t_2)+at_1+b$, $t_2 \leqslant t \leqslant t_3$,其中,$c>0$,为单位时间内生产率的减少率。疲劳期结束时,生产率水平为 $-c(t_3-t_2)+at_1+b$。在终末激发期,生产率随时间变化的关系有 $P_4=d(t-t_3)-c(t_3-t_2)+at_1+b$, $t \geqslant t_3$,其中,d 为终末激发期单位时间生产率增加率。疲劳期和终末激发期的总生产时间为 t_4-t_2,$t_3-t_2=\phi(t_4-t_2)$,ϕ 为疲劳期生产时间占疲劳期和终末激发期的总生产时间的比例,进一步有 $\dfrac{t_4-t_3}{t_3-t_2}=\dfrac{1-\phi}{\phi}$。其他参数与 5.3 节相同。

5.5.2 模型构建与分析

当 OEM 供应商不供应产品时,其库存水平随时间变化的情况如图 5-36 (b)所示。根据模型假设,OEM 供应商在入门期的库存水平表达式为:

$$I_1(t) = \frac{a}{2}t^2 + bt, \ 0 \leqslant t \leqslant t_1 \tag{5-41}$$

在稳定期的库存水平表达式为:

$$I_2(t) = (at_1 + b)t - \frac{a}{2}t_1^2, \ t_1 \leqslant t \leqslant t_2 \tag{5-42}$$

在疲劳期的库存水平表达式为:

$$I_3(t) = -\frac{c}{2}t^2 + (at_1 + ct_2 + b)t - \frac{a}{2}t_1^2 - \frac{c}{2}t_2^2, \ t_2 \leqslant t \leqslant t_3 \tag{5-43}$$

在终末激发期的库存水平表达式为:

$$I_4(t) = \frac{d}{2}t^2 + [b + at_1 + ct_2 - (c+d)t_3]t + \frac{c+d}{2}t_3^2 - \frac{a}{2}t_1^2 - \frac{c}{2}t_2^2,$$
$$t_3 \leqslant t \leqslant t_4 \tag{5-44}$$

入门期的库存成本为:

$$H_{1p} = h_v \int_0^{t_1} I_1(t)\mathrm{d}t = h_v \left(\frac{a}{6}t_1^3 + \frac{b}{2}t_1^2 \right) \tag{5-45}$$

稳定期的库存成本为:

$$H_{2p} = h_v \int_{t_1}^{t_2} I_2(t)\mathrm{d}t = \frac{1}{2}h_v(t_2 - t_1)[(at_1 + b)(t_1 + t_2) - at_1^2] \tag{5-46}$$

疲劳期的库存成本为:

$$H_{3p} = h_v \int_{t_2}^{t_3} I_3(t)\mathrm{d}t = h_v \left\{ -\frac{c}{6}(t_3^3 - t_2^3) - \frac{1}{2}(t_3 - t_2)(at_1^2 + ct_2^2) + \right.$$

$$\frac{1}{2}(at_1+ct_2+b)(t_3^2-t_2^2)\bigg\} \tag{5-47}$$

在终末激发期的库存成本为:

$$H_{4p}=h_v\int_{t_3}^{t_4}I_4(t)\mathrm{d}t$$

$$=h_v\bigg\{\frac{1}{2}[b-(c+d)t_3+at_1+ct_2](t_4^2-t_3^2)+\frac{d}{6}(t_4^3-t_3^3)+$$

$$(t_4-t_3)\bigg[\frac{(c+d)}{2}t_3^2-\frac{a}{2}t_1^2-\frac{c}{2}t_2^2\bigg]\bigg\} \tag{5-48}$$

生产量与生产时间之间的关系满足:

$$Q_p=\frac{d}{2}\bigg[t_3+\frac{1-\phi}{\phi}(t_3-t_2)\bigg]^2+\frac{c+d}{2}t_3^2-\frac{a}{2}t_1^2-\frac{c}{2}t_2^2+$$

$$\bigg[t_3+\frac{1-\phi}{\phi}(t_3-t_2)\bigg][b+at_1+ct_2-(c+d)t_3] \tag{5-49}$$

性质 5-3 (1) Q_p 是关于生产率增加率 a 的增函数;

(2) Q_p 是关于初始生产率 b 的增函数;

(3) Q_p 是关于生产率减少率 c 的减函数;

(4) Q_p 是关于终末激发期生产率增加率 d 的增函数;

(5) Q_p 是关于 t_1 的增函数。

证明: (1) $\dfrac{\partial Q_p}{\partial a}=-\dfrac{t_1^2}{2}+t_1\bigg[t_3+\dfrac{1-\phi}{\phi}(t_3-t_2)\bigg]>0$;

(2) $\dfrac{\partial Q_p}{\partial b}=t_3+\dfrac{1-\phi}{\phi}(t_3-t_2)>0$;

(3) $\dfrac{\partial Q_p}{\partial c}=-\dfrac{(2-\phi)(t_3-t_2)^2}{2\phi}<0$;

(4) $\dfrac{\partial Q_p}{\partial d}=\dfrac{1}{2}\bigg[\dfrac{1-\phi}{\phi}(t_3-t_2)\bigg]^2>0$;

(5) $\dfrac{\partial Q_p}{\partial t_1}=(a+d)\bigg[t_3+\dfrac{1-\phi}{\phi}(t_3-t_2)\bigg]>0$。

参照 5.3 节式(5-36)计算终末激发期下的生产-库存系统的年平均成本为：

$$ATC(n,Q) = \frac{D}{nE[(1-\gamma_e)]Q}\left\{S_v + vnQE[\gamma_e] + lt_4 + S_B + nF + \vartheta nQ + \frac{nh_BQ^2}{2D}E[(1-\gamma_e)^2] + H_{1p} + H_{2p} + H_{3p} + H_{4p} + h_v\left\{nQ[(n-1)E[T] + T_Q - t_4] - \frac{n(n-1)Q}{2}E[T]\right\}\right\}$$

(5-50)

式(5-50)中的 H_{1p}、H_{2p}、H_{3p}、H_{4p} 依次满足关系式(5-45)、式(5-46)、式(5-47)、式(5-48)。给定 t_1、t_2、t_3 与 t_4 之间的关系满足 $\frac{t_4-t_3}{t_3-t_2} = \frac{1-\phi}{\phi}$。

采用 3.5 节所描述的算法，求解使得年平均成本 $ATC(n,Q)$ 最小的最优供货次数 n^* 和最优供货量 Q^*。

5.5.3 数值与算例分析

取生产率增加率 $a = 1\,600\,000$；初始生产率 $b = 160\,000$；生产率减少率 $c = 1\,500\,000$；学习期的生产时间为 $t_1 = 0.014$ 年；稳定期的生产时间为 $t_2 = 0.003$；终末激发期的生产率增加率 $d = 1\,700\,000$。其他参数的取值与 5.3 节相同。

表 5-10 中的粗体为最优解，当终末激发期的单位时间生产率增加率 $d = 1\,700\,000$ 时，最优供货次数为 $n^* = 16$ 次，最优单次供货量为 $Q^* = 796$(双)。在生产时间 0.108 6(年)内，总的生产量为 12 736(双)，其中，疲劳期生产时间为 $t_3 - t_2 = 0.091\,6$(年)，最小平均成本为 $ATC(n^*, Q^*) = 250\,424.31$(元/年)。而不存在终末激发期时，疲劳期的生产时间为 0.007 6(年)，在整个生产期间总的生产量为 4 285(双)。终末激发期的存在使得总生产量增加，同时也延长了整个生产时间。

表 5-10 不同生产率增加率 d 下最优平均成本随供货次数的变化情况

$d = 850\,000$				$d = 1\,700\,000$				$d = 2\,550\,000$			
n	Q	$t_3 - t_2$	$ATC(n,Q)$	n	Q	$t_3 - t_2$	$ATC(n,Q)$	n	Q	$t_3 - t_2$	$ATC(n,Q)$
19	1 033	0.133 5	239 449.49	12	1 056	0.091 1	250 540.12	9	1 178	0.071 4	246 869.02
20	982	0.133 6	239 413.15	13	976	0.091 2	250 481.38	10	1 063	0.071 6	246 757.58
21	936	0.133 8	239 386.41	14	907	0.091 4	250 445.30	11	968	0.071 8	246 687.82
22	894	0.133 9	239 367.99	15	848	0.091 5	250 427.41	12	889	0.072 0	246 649.44
23	856	0.134 0	239 356.80	16	796	0.091 6	250 424.31	13	822	0.072 1	246 635.27
24	821	0.134 1	239 351.95	17	750	0.091 7	250 433.42	14	765	0.072 3	246 640.15
25	789	0.134 2	239 352.69	18	709	0.091 9	250 452.71	15	715	0.072 4	246 660.30
26	759	0.134 3	239 358.37	19	672	0.092 0	250 480.58	16	671	0.072 5	246 692.87
27	731	0.134 4	239 368.45	20	639	0.092 1	250 515.75	17	633	0.072 7	246 735.66

图 5-37 反映了供货次数 n、单次供货量 Q 和整个生产时间 t_4 之间的关系。图 5-38 反映了 n、Q 变化对年平均成本的影响。随着生产率增加率 a 的增大,给定学习期内的生产时间,则疲劳期的起步生产率会提高,以高水平的生产率进行作业可以降低生产费用,故而随着 a 的增大,疲劳期生产时间也越长(图 5-39)。高水平的生产率也使得年平均成本降低(图 5-37)。a 变化对疲劳期的生产时间和最优年平均成本的影响近似为线性影响。初始生产率 b 的增大也会延长疲劳期的生产时间,这与 a 增大对疲劳期生产时间的影响一致。但 b 的增大对疲劳期生产时间延长的速度也越来越慢。初始生产率 b 的增大使得整个作业期间的平均生产率提高,降低了年平均成本(图 5-40),但降低的速度是越来越慢的。

单位时间的生产率减少率 c 越大,意味着疲劳得越迅速,生产率降低得越快,在短时间内生产率会下降到一个较低的水平,此时,应缩短疲劳期生产时间(图 5-39)。随着 c 的增大,最优平均成本先增大后减小。在终末激发期内,随着生产率增加率 d 的增大,最优的供货次数越来越小(表 5-10),疲劳期的生产时间越来越短(图 5-39),总的产量越来越小,综合影响下使得年平均成本先增大后减小(图 5-40)。

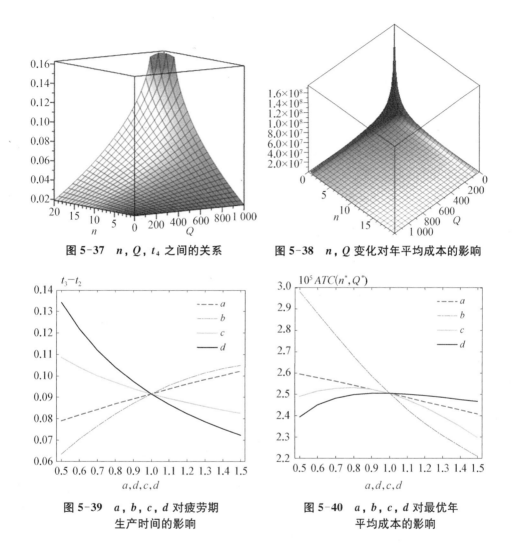

图 5-37 n，Q，t_4 之间的关系

图 5-38 n，Q 变化对年平均成本的影响

图 5-39 a，b，c，d 对疲劳期生产时间的影响

图 5-40 a，b，c，d 对最优年平均成本的影响

5.6 本章小结

疲劳的存在使得生产率动态变化,动态变化的生产率给库存管理带来了困难。本章主要分析人的不完备因素学习和疲劳给生产-库存决策带来的影响。基于作者在制衣厂调研时发现的现象,构建了学习-稳定-疲劳-休息-再

学习库存曲线,根据生产终止的阶段,拓展了四类 EPQ 模型。根据疲劳是否存在恢复,构建了疲劳不存在恢复和疲劳存在恢复的两类生产-库存联合优化模型。在生产结束前,往往存在一个期末赶工现象,针对此类现象建立了疲劳存在终末激发期的生产-库存联合优化模型。

所得结论主要包括:

(1) 当生产仅在学习阶段进行时,最优成本随学习系数的增大呈现先增大后减小的倒 U 型特征;生产准备成本、生产成本及单位时间单位产品存储成本的增加,不会优化生产系统的内部结构,反而增加了系统的内耗,导致系统的平均成本增加。当生产在稳定阶段结束时,最佳的生产时间随学习阶段的生产时间的延长而缩短,最大生产量随学习阶段的生产时间的延长而减少,但最大库存量随学习阶段的生产时间的延长而增加。当生产在疲劳期结束时,稳定期的延长可以提升整个生产期间的平均生产率,进而降低整个运行系统的平均成本;劳动强度指数越大,疲劳得越迅速,越需要延长疲劳期的生产时间,导致疲劳加剧,形成恶性循环。当疲劳加剧时,继续生产是不明智的,即使进行生产,也需要更长的生产时间,从而继续恶化生产系统,使得平均成本快速增加。当生产在再学习阶段结束时,疲劳期的生产时间越长,系统的平均成本越大,当休息时间较短时,疲劳不能得到缓解,短暂的休息反而会增加系统的平均成本;当休息时间超过某一定值时,随着休息时间的延长,平均成本降低。

(2) 当疲劳不存在恢复时,学习系数越大,系统的平均成本越低,疲劳期的最优生产时间越长;疲劳期最优生产时间随劳动强度指数的增大迅速减小后趋于稳定,由此导致系统的平均成本随劳动强度指数的增大而迅速增大后趋于稳定;学习期生产时间的延长可以增加一个周期内的供货次数,但却减小了单次供货量。学习系数越大,最优的供货次数和单次供货量均越大。

(3) 当疲劳存在恢复时,相比于疲劳不存在恢复,最优的单次供货量和供货次数明显增加,而系统的平均成本却更低,显然,适当地进行休息,可以降低成本。相比于一类质检风险,二类质检风险带来的影响有限。在不同阶段休息时间的延长对成本减少发挥的作用不同。

(4) 当疲劳存在终末激发期时,总产量增加,生产时间也更长;反映疲劳程度的生产率减少率越大,疲劳得越迅速,此时,应当缩短疲劳期的生产时间;系统平均成本随生产率减少率的增大先增大后减小。随着生产率增加率的增大,最优的供货次数越来越小,疲劳期的生产时间越来越短。

本章研究带来的管理启示有:提高生产率并不一定降低系统的平均成本,当需求稳定时,过高的生产率会导致库存的积压,增加了库存持有成本;适当的休息,可以缓解员工的疲劳,也可降低系统的平均成本,但休息时间过多会导致实际劳动生产率下降,导致系统的平均成本增大。通过增加投资,盲目提高入门期的生产率并不一定降低系统的平均成本;通过合理的休息,可以降低系统的平均成本,但应控制休息时间,防止休息时间过长导致实际劳动生产率的降低。通过合理休息可以提高生产效率,提高产量。说明过度疲劳了就不易恢复。疲劳的恢复与休息次数,与每次休息时间有关。如果连续作业不考虑工间休息,则效率低。

6

总结与展望

6.1 总　　结

员工学习、遗忘、疲劳行为使得生产率动态变化，动态变化的生产率直接影响库存管理。本书分析这些多样性特征给生产-库存决策带来的影响，建立了员工学习-遗忘-疲劳行为下的生产-库存联合优化模型及学习行为的生产-库存优化与协调模型。通过对所建模型的分析与优化，得到了有实践指导意义的管理启示。

全文各部分的创新性工作和主要结论如下：

第3章以运动鞋的生产运作流程作为研究背景，建立了五个生产-库存联合优化模型。模型1为员工作业行为不具有学习特征时的联合优化模型，该模型作为比较的基准点。模型2为即时生产率下的Wright联合优化模型，在建立模型时，假设员工作业行为具有的学习特征符合Wright学习曲线规律。模型3(AW)为平均生产率下的Wright联合优化模型。通过对比模型2与模型3中的最优平均成本，发现不论是采用即时生产率还是采用平均生产率的方法，两者相差无几，这从侧面印证了采用平均生产率的计算方法是合适的，为模型4(JGLCM)与模型5(FCLCM)采用平均生产率的方法计算平均成本打下基础。在模型4与模型5中，员工作业行为具有的学习特征包括认知学习和技能学习。由于在实际生产中,部分生产时间是不存在学习效应的,在JGLCM 的基础上,通过对初始生产时间的调整,提出了 FCLCM。

在 AW 情形下,由于整合了认知学习与技能学习,其平均生产率最高。在 JGLCM 情形下,将学习拆散为认知学习与技能学习,弱化了部分学习效果。在 FCLCM 情形下,由于部分作业不存在学习,进一步对学习进行了拆散,从而使得 FCLCM 下的平均生产率最低。在 AW 情形与 JGLCM 情形下,只要生产持续进行下去,理论上产品的生产时间为零,而在 FCLCM 情形下,随着生产的持续进行,理论上产品的生产时间存在一个大于零的时间,这部分生产时间既不存在认知学习,也不存在技能学习。在 AW 情形下,生产-库存系统的平均成本最低。在 FCLCM 情形下,生产-库存系统的平均成本最高。当生产趋于稳定后,不论是何种情形,最优的供货次数相同,AW 情形下的单次供货量最大,FCLCM 情形下的单次供货量最小。

各情形下,在生产的早期阶段生产率增加的幅度较大,导致平均成本减小的幅度较大。随着生产的进行,生产率递增的速度越来越慢,导致平均成本递减的速度越来越慢。随着认知学习系数的增大,JGLCM 情形与 FCLCM 情形先于 AW 情形趋近于稳定。JGLCM 情形与 AW 情形下的平均成本之差越来越大,而 JGLCM 情形与 FCLCM 情形下的平均成本保持一个稳定的差值。随着认知学习系数的增大,JGLCM 情形与 AW 情形下的平均成本趋同。当认知学习趋于稳定时,改善技能学习带来的成本降低有限。管理者更需要加强对基层作业员工认知学习的培训。

第 4 章以采油机械配件运作流程作为研究背景,建立了当员工作业行为具有学习和遗忘特征时的生产-库存联合优化模型。介绍了贾比尔和邦尼的学习-遗忘曲线(JB 学习-遗忘曲线),并将该曲线应用到生产-库存模型中。基于放射性元素的衰减规律提出了基于半忘期的学习-遗忘曲线。基于员工作业行为具有的认知学习和技能学习特征,构建了基于半忘期的双相学习-遗忘曲线。将构建的基于半忘期的学习-遗忘曲线和基于半忘期的双相学习-遗忘曲线应用到生产-库存模型中。

在三类学习-遗忘曲线下,第二个生产周期的最优平均成本相比于第一个生产周期明显减少,第二个生产周期以后的最优平均成本减少不明显。在 JB

学习-遗忘理论下,当完全遗忘时间较短时,由于员工作业行为具有的学习-遗忘-学习-遗忘的摇摆特征,使得第二个生产周期以后的最优成本处于减少-增加-较少-增加的摇摆状态。完全遗忘时间越短,表明遗忘得越迅速,最优平均成本越高。应尽可能压缩生产中断时间,减少中断导致的遗忘。当中断时间不能压缩时,在中断时间内展开培训或者将员工调整到相似的工作岗位,延缓遗忘效应,减少遗忘导致的损失。

在JB学习-遗忘曲线下,随着生产和中断的反复进行,最优平均成本会出现波浪式的摇摆特征,但在基于半忘期的学习-遗忘曲线下,不论半忘期取何值,随着生产的往复进行,平均成本均不会出现波浪式的摇摆特征。当半忘期趋近于无穷大时,遗忘不存在。当半忘期较短时,生产中断后的遗忘使得生产时累积的经验完全遗忘,平均成本保持不变。遗忘的存在使得生产更早趋于稳定,平均成本也更高。当半忘期较短和较长时,平均成本对半忘期的变化并不敏感,此时,采取措施压缩半忘期是不明智的。当平均成本对半忘期的变化比较敏感时,应当延长半忘期,削弱生产中断对学习效应的弱化。在基于半忘期的双相学习-遗忘理论下,由于认知与技能存在学习—遗忘—学习—遗忘的重复,生产-库存系统的平均成本在生产的后期出现了减少—增加—减少—增加的摇摆特征,这与基于半忘期的学习-遗忘曲线情形不同。认知遗忘与技能遗忘对系统平均成本的影响不同,相比于技能遗忘,认知遗忘对系统的平均成本的影响更大。

相比于第3章考虑员工作业行为具有学习特征,第4章考虑员工作业行为具有学习和遗忘特征,第5章考虑员工作业行为具有学习和疲劳特征。主要创新工作是将生产阶段划分为学习期—稳定期—疲劳期—休息期—再学习期,建立了学习-稳定-疲劳-休息-再学习库存曲线。根据划分的学习—稳定—疲劳—休息—再学习阶段,对经典EPQ模型进行了拓展。依据生产终止的阶段,建立了四类情形下的EPQ模型。根据疲劳是否存在恢复,建立了疲劳不存在恢复的制造-零售生产-库存联合优化模型和疲劳存在恢复的制造-零售生产-库存联合优化模型。根据实践中观察到的期末赶工现象,建立了疲劳存在终末激发期的制造-零售生产-库存联合优化模型。

当生产在学习期终止时(情形1),最优生产时间、最大生产量和最大库存量对于学习系数具有相同的增减性。学习系数的增大并不一定减少最佳的生产时间。最佳生产时间随学习系数的增大先减少后增大。平均成本随学习系数的增大先增大后减少。学习系数的增大可以减少生产时间,但增大了系统的平均成本,管理者需要选择合适的学习率来平衡最优生产时间和最优的平均成本。生产准备成本的增大,单位时间生产成本的增大,单位时间单位产品库存成本的增大并不优化系统的内部结构,反而增加了系统内耗,导致系统成本增加。生产时间和系统平均成本对单位时间生产成本的变化并不敏感。单位时间单位产品库存成本的增加要求减少库存量,因此,最优生产时间随单位时间单位产品库存成本的增大而减少。

当生产跨过学习期,在稳定期结束时(情形2),学习期生产时间的延长,达到稳定期时的生产率也就越高,也意味着整个生产期间的平均生产率越高。随着学习期生产时间的延长,最佳的稳定期生产时间减少,整体生产时间减少。随着学习期的生产时间的延长,最大库存量增加而最佳的生产量却在减少。学习期的生产时间的变化对平均成本的影响呈现出S型变化特征。

当生产依次经历学习期、稳定期,在疲劳期结束时(情形3),不论是学习期的生产时间的延长还是稳定期的生产时间的延长,均使得最优的疲劳期生产时间先递增后递减,且当递增时,递增的速度越来越小;递减时递减的速度越来越小。整体最优生产时间的变化特征使得,最大库存量迅速增大后趋于稳定,最优平均成本迅速减少后趋于稳定。反映疲劳的各参数越大,表明疲劳得越快,为了生产一定数量的产品就需要延长疲劳期的生产时间,从而加剧了疲劳,形成恶性循环,导致系统的平均成本增大。

当生产依次经历学习期、稳定期、疲劳期、休息期,在再学习期结束时(情形4),休息时间占疲劳生产时间的比例越大,疲劳需要更长的时间进行恢复,这就迫使管理者压缩疲劳期的生产时间。当休息时间越长时,再学习阶段的时间需要延长。最优成本随休息时间占疲劳生产时间比例的增大先增大后减少。

将生产划分为学习-稳定-疲劳三个阶段,建立了疲劳不存在恢复的制造-零售生产-库存联合优化模型。学习阶段的生产时间的延长导致最优供货次数增加,也会延长疲劳期的生产时间。年生产成本的增加使得最优供货次数保持不变，单次供货量减少，系统的平均成本增大。当供货次数保持不变时，最优单次供货量随学习阶段的生产时间的增加而增加。学习系数越大，表明学习效果越好，相同时间内的产量越大，疲劳阶段的最优生产时间也越长，系统的平均成本越低。单位产品的初始生产时间越长，表明初始生产率越低，系统的平均成本也就越高。员工疲劳得越迅速，疲劳阶段的生产时间越短，但系统的平均成本却越高。

将生产划分为学习-稳定-疲劳-休息-再学习五个阶段，同时考虑员工在质检过程中存在的两类风险质检行为，建立了疲劳存在恢复的生产-库存联合优化模型。当一类风险发生的概率增加时，疲劳阶段的生产时间延长，也由此导致休息时间的延长。随着一类风险发生的概率增大，最优的供货次数减少，单次供货量增加，总产量增加，系统的平均成本增加。显然，需要采取措施降低一类质检发生的概率。当二类质检风险发生的概率增大时，最优供货次数基本保持不变，疲劳期的生产时间、休息时间和再学习阶段的生产时间缩短，系统的平均成本减少。相比于一类质检风险带来的影响，二类质检风险带来的影响可以忽略。休息时间占疲劳生产时间的比例越大，休息时间越长。适当地延长休息时间可以降低系统的平均成本，但在不同时段，休息时间的延长对降低成本发挥的作用不同。疲劳恢复指数越高，表明经过休息之后的生产率越高，间接使得系统的平均成本越低。

将生产划分为学习期-稳定期-疲劳期-终末激发期，建立了疲劳存在终末激发的生产-库存联合优化模型。相比于疲劳不存在终末激发，终末激发的存在使得总产量增加，也延长了整个生产时间。在终末激发期内，生产率增加得越快，最优的供货次数越少，单次供货量越大，系统的平均成本也越低。在学习期，不论是生产率增加率的增大还是初始生产率的增大，均会导致疲劳期起始生产率的增大，从而延长了疲劳期的生产时间。不论是生产率增加率的增大还是初始生产率的增大，均会导致系统的平均生产率提高，从而降低系统的平均成本。疲劳期内的生产率减少率越大，表明疲劳得越迅速，需要减少疲劳期的生产时间来缓解疲劳。终末激发期内的生产率增加率越大，疲劳期的生产时间也越短。疲劳期内的生产率减少率的增大使得系统的平均成本先增大后减少。

6.2 展　　望

本书着重研究了员工作业行为具有的学习特征、遗忘特征、疲劳特征给决策带来的影响。构建了联合决策优化模型和博弈模型，得出了一些有实践指导意义的结论，但这些都建立在本书的假设之上，存在一定的局限性。提出今后需要进一步研究的问题：

首先，在建模的过程中假设生产-库存系统由单一的制造商（OEM供应商）和零售商（OEM品牌商）构成，而现实中往往是多制造商与多零售商构成的复杂网状生产-库存系统。考虑复杂的网状生产-库存系统，对解决现实问题更具实际指导意义。

其次，员工的疲劳行为特征具有多样性，导致员工疲劳的因素也是多样的，因此，在人力成本越来越贵的客观条件下，需要更加深入地研究新制造环境下的疲劳规律，以期为决策提供支持。

再次，需求不仅依赖于价格和时间，而且依赖于产品质量和服务水平。不仅表现出模糊性，而且表现出随机性。人民对美好生活的需要使得需求的特点发生改变，需要进一步研究新时代背景下的需求特征。

最后，随着人口老龄化的进一步加剧，大量的自动化设备会投入到生产一线，如何将人的行为和设备特征有机地结合起来将成为新的研究方向。

参考文献

[1] Abraham A, White K. The Dynamics of Plant-Level Productivity in U. S. Manufacturing [C]// Meeting Papers. Society for Economic Dynamics, 2006.

[2] Aderohunmu R, Mobolurin A, Bryson N. Joint Vendor-buyer Policy in JIT Manufacturing [J]. Journal of the Operational Research Society, 1995, 46(3): 375-385.

[3] Aderohunmu R, Mobulurin A, Bryson N. Joint Vendor-Buyer Policy in JIT Manufacturing: Response to Goyal's comments [J]. Journal of the Operational Research Society, 1997a, 48(5): 550-551.

[4] Aderohunmu R, Mobulurin A, Bryson N. Joint Vendor-buyer Policy in JIT Manufacturing: Response to Hoffmann's Comments [J]. Journal of the Operational Research Society, 1997b, 48(5): 547-549.

[5] Adler G, Nanda R. The effects of learning on Optimal Lot Size Determination — Single product case [J]. AIIE Transactions, 1974, 6(1): 14-20.

[6] Alamri A A, Balkhi Z T. The effects of learning and forgetting on the optimal production lot size for deteriorating items with time varying demand and deterioration rates [J]. International Journal of

Production Economics, 2007, 107(1): 125-138.

[7] Anzanello M J, Fogliatto F S. Learning curve models and applications: Literature review and research directions [J]. International Journal of Industrial Ergonomics, 2011, 41(5): 573-583.

[8] Argote L, Epple D. Learning curves in manufacturing [J]. Science, 1990, 247: 920-924.

[9] Badiru A B. Multifactor learning and forgetting models for productivity and performance analysis [J]. International Journal of Human Factors in Manufacturing, 1994, 4(1): 37-54.

[10] Bailey C D. Forgetting and the Learning Curve: A Laboratory Study [J]. Management Science, 1989, 35(3): 340-352.

[11] Baloff N. Extension of the Learning Curve — Some Empirical Results [J]. Journal of the Operational Research Society, 1971, 22(4): 329-340.

[12] Balkhi Z T. The effects of learning on the optimal production lot size for deteriorating and partially backordered items with time varying demand and deterioration rates [J]. Applied Mathematical Modelling, 2003, 27(10): 763-779.

[13] Banerjee A. A Joint Lot-Size Model for Purchaser and Vendor [J]. Decision Sciences, 1986, 17(3): 292-311.

[14] Bartel A, Ichniowski C, Shaw K. How Does Information Technology Affect Productivity? Plant-Level Comparisons of Product Innovation, Process Improvement, and Worker Skills [J]. NBER Working Papers, 2005, 122(4): 1721-1758.

[15] Battini D, Glock C H, Grosse E H, et al. Human energy expenditure in order picking storage assignment: A bi-objective method [J]. Computers & Industrial Engineering, 2016, 94: 147-157.

[16] Battini D, Glock C H, Grosse E H, et al. Ergo-lot-sizing: An

approach to integrate ergonomic and economic objectives in manual materials handling [J]. International Journal of Production Economics, 2017, 185: 230-239.

[17] Bechtold S E, Sumners D W L. Optimal Work-Rest Scheduling with Exponential Work-Rate Decay [J]. Management Science, 1988, 34(4): 547-552.

[18] Braglia M, Zavanella L. Modelling an industrial strategy for inventory management in supply chains: The "Consignment Stock" case [J]. International Journal of Production Research, 2003, 41(16): 3793-3808.

[19] Cagnie B, Meulemeester K D, Saeys L, et al. The impact of different lenses on visual and musculoskeletal complaints in VDU workers with work-related neck complaints: A randomized controlled trial [J]. Environmental Health & Preventive Medicine, 2017, 22(1): 1-8.

[20] Carison J G, Rowe A J. How Much Does Forgetting Cost [J]. Industrial Engineering, 1976, 8(9): 40-47.

[21] Carlson J G. Cubic Learning Curves: Precision Tool for Labor Estimating [J]. Manufacturing Engineering & Management, 1973, 71(5): 22-25.

[22] Chen S H. An Evolutionary Game Model of Knowledge Workers' Counterproductive Work Behaviors Based on Preferences [J]. Complexity, 2017, 2017(3): 1-11.

[23] Chen T H, Tsao Y C. Optimal lot-sizing integration policy under learning and rework effects in a manufacturer-retailer chain [J]. International Journal of Production Economics, 2014, 155(5): 239-248.

[24] Chen Z, Fu K, Bidanda B. Instant production-replenishment and coordination mechanism for short life cycle and deteriorating item with stock-dependent demand [J]. International Journal of Systems

Science: Operations & Logistics, 2018, 5(1): 45-59.

[25] Chen Z, Sarker B R. An integrated optimal inventory lot-sizing and vehicle-routing model for a multisupplier single-assembler system with JIT delivery [J]. International Journal of Production Research, 2014, 52(17): 5086-5114.

[26] Chiu H N, Chen H M. An optimal algorithm for solving the dynamic lot-sizing model with learning and forgetting in setups and production [J]. International Journal of Production Economics, 2005, 95(2): 179-193.

[27] Chiu H N, Chen, H M, Weng L C. Deterministic time-varying demand lot-sizing models with learning and forgetting in setups and production [J]. Production & Operations Management, 2010, 12(1): 120-127.

[28] Dar-el E M, Ayas K, Gilad I. A dual-phase model for the individual learning process in industrial tasks [J]. IIE transactions, 1995, 27(3): 265-271.

[29] De Jong J R. The effects of increasing skill on cycle time and its consequences for time standards [J]. Ergonomics, 1957, 1(1): 51-60.

[30] Edge R M, Laubach T, Williams J C. Learning and shifts in long-run productivity growth [J]. Journal of Monetary Economics, 2007, 54(8): 2421-2438.

[31] Elmaghraby S E. Economic manufacturing quantities under conditions of learning and forgetting (EMQ/LaF) [J]. Production Planning & Control, 1990, 1(4): 196-208.

[32] Giri B C, Bardhan S. A vendor-buyer JELS model with stock-dependent demand and consigned inventory under buyer's space constraint [J]. Operational Research, 2015, 15(1): 79-93.

[33] Givi Z S, Jaber M Y, Neumann W P. Modelling worker reliability

with learning and fatigue [J]. Applied Mathematical Modelling, 2015, 39(17): 5186-5199.

[34] Globerson S. Incorporating Forgetting into Learning Curves [J]. International Journal of Operations & Production Management, 1987, 15(4): 80-94.

[35] Globerson S, Levin N, Shtub A. The Impact of Breaks on Forgetting When Performing A Repetitive Task [J]. IIE Transactions, 1989, 21(4): 376-381.

[36] Glock C H. Learning effects in inventory models with alternative shipment strategies [C]//Jaber M Y. Learning curves: theory, models and applications. New York: CRC Press, 2011: 293-308.

[37] Glock C H. Single sourcing versus dual sourcing under conditions of learning [J]. Computers & Industrial Engineering, 2012, 62(1): 318-328.

[38] Glock C H, Jaber M Y. A multi-stage production-inventory model with learning and forgetting effects, rework and scrap [J]. Computers & Industrial Engineering, 2013, 64(2): 708-720.

[39] Glock C H, Jaber M Y. A group learning curve model with and without worker turnover [J]. Journal of Modelling in Management, 2014, 9(2): 179-199.

[40] Glock C H, Jaber M Y. Learning effects and the phenomenon of moving bottlenecks in a two-stage production system [J]. Applied Mathematical Modelling, 2013b, 37: 8617-8628.

[41] Goyal S K. An Integrated Inventory Model for a Single Supplier-Single Customer Problem [J]. International Journal of Production Research, 1977, 15(1): 107-111.

[42] Goyal S K. A Joint Lot-Size Model for Purchaser and Vendor: A comment [J]. Decision Sciences, 1988, 19(1): 236-241.

[43] Goyal S K. A one-vendor multi-buyer integrated inventory model: A

comment [J]. European Journal of Operational Research, 1995, 82(1): 209-210.

[44] Goyal S K. Joint Vendor-Buyer Policy in JIT Manufacturing [J]. Journal of the Operational Research Society, 1997, 48(5): 550-550.

[45] Goyal S K, Cardenas-Barron L E. Economic production quantity model for items with imperfect quality — a practical approach [J]. International Journal of Production Economics, 2002, 77(1): 85-87.

[46] Grosse E H, Glock C H. Production economics and the learning curve: A meta-analysis [J]. International Journal of Production Economics, 2015, 170: 401-412.

[47] Grosse E H, Glock C H, Jaber M Y. The effect of worker learning and forgetting on storage reassignment decisions in order picking systems [J]. Computers and Industrial Engineering, 2013, 66(4): 653-662.

[48] Grosse E H, Glock C H, Müller S. Production economics and the learning curve: A meta-analysis [J]. International Journal of Production Economics, 2015, 170: 401-412.

[49] Gruys M L, Sackett P R. Investigating the Dimensionality of Counterproductive Work Behavior [J]. International Journal of Selection & Assessment, 2010, 11(1): 30-42.

[50] Gurn M. Spotting the thieves who work among us [J]. Wall street Journal, 1988, 7: 16-16.

[51] Hancock P A, Desmond P A. Stress, workload, and fatigue [J]. Lawrence Erlbaum Associates, 2000.

[52] Harper D. Spotlight abuse, save profits [J]. Industrial Distribution, 1990, 79(3): 47-51.

[53] Hill R M. The single-vendor single-buyer integrated production-inventory model with a generalised policy [J]. European Journal of Operational Research, 1997, 97(3): 493-499.

[54] Hill R M. The optimal production and shipment policy for the single-vendor single-buyer integrated production-inventory problem [J]. International Journal of Production Research, 1999, 37(11): 2463-2475.

[55] Hochrein S, Glock C H. Systematic literature reviews in purchasing and supply management research: a tertiary study [J]. International Journal of Integrated Supply Management, 2012, 7(4): 215-245.

[56] Hoffman C. Comments on Joint Vendor Buyer Policy in JIT Manufacturing [J]. Journal of the Operational Research Society, 1997, 48(5).

[57] Hoque M A. An alternative optimal solution technique for a single-vendor single-buyer integrated production inventory model [J]. International Journal of Production Research, 2009, 47(15): 4063-4076.

[58] Huang C K. An integrated vendor-buyer cooperative inventory model for items with imperfect quality [J]. Production Planning & Control, 2002, 13(4): 355-361.

[59] Huang C K. An optimal policy for a single-vendor single-buyer integrated production-inventory problem with process unreliability consideration [J]. International Journal of Production Economics, 2004, 91(1): 91-98.

[60] Huang Y, Chu F, Chu C, et al. Determining the number of new employees with learning, forgetting and variable wage with a Newsvendor model in pull systems [J]. Journal of Intelligent Manufacturing, 2012, 23(1): 73-89.

[61] Jaber M Y. Learning and forgetting models and their applications [J]. Handbook of Industrial & Systems Engineering, 2006(1): 30-31.

[62] Jaber M Y, Bonney M. A comparative study of learning curves with forgetting [J]. Applied Mathematical Modelling, 1997, 21(8): 523-

531.

[63] Jaber M Y, Bonney M. Economic manufacture quantity (EMQ) model with lot-size dependent learning and forgetting rates [J]. International Journal of Production Economics, 2007, 108(1): 359-367.

[64] Jaber M Y, Bonney M. Lot sizing with learning and forgetting in set-ups and in product quality [J]. International Journal of Production Economics, 2003, 83(1): 95-111.

[65] Jaber M Y, Bonney M. Production breaks and the learning curve: The forgetting phenomenon [J]. Applied Mathematical Modelling, 1996, 20(2): 162-169.

[66] Jaber M Y, Bonney M. The economic manufacture/order quantity (EMQ/EOQ) and the learning curve: Past, present, and future [J]. International Journal of Production Economics, 1999, 59(1-3): 93-102.

[67] Jaber M Y, Bonney M. The effects of learning and forgetting on the optimal lot size quantity of intermittent production runs [J]. Production Planning & Control, 1998, 9(1): 20-27.

[68] Jaber M Y, Bonney M, Guiffrida A L. Coordinating a three-level supply chain with learning-based continuous improvement [J]. International Journal of Production Economics, 2010, 127(1): 27-38.

[69] Jaber M Y, Bonney M, Moualek I. Lot sizing with learning, forgetting and entropy cost [J]. International Journal of Production Economics, 2009, 118(1): 19-25.

[70] Jaber M Y, Givi Z S, Neumann W P. Incorporating human fatigue and recovery into the learning-forgetting process [J]. Applied Mathematical Modelling, 2013, 37(12-13): 7287-7299.

[71] Jaber M Y, Guiffrida A L. Learning curves for processes generating defects requiring reworks [J]. European Journal of Operational

Research, 2005, 159(3): 663-672.

[72] Jaber M Y, Guiffrida A L. Observations on the economic manufacture quantity model with learning and forgetting [J]. International Transactions in Operational Research, 2007, 14(2): 91-104.

[73] Jaber M Y, Glock C H. A learning curve for tasks with cognitive and motor elements [J]. Computers & Industrial Engineering, 2013, 64(3): 866-871.

[74] Jaber M Y, Goyal S K, Imran, M. 2008. Economic production quantity model for items with imperfect quality subject to learning effects [J]. International Journal of Production Economics, 115(1): 143-150.

[75] Jaber M Y, Kher H V. The dual-phase learning-forgetting model [J]. International Journal of Production Economics, 2002, 76(3): 229-242.

[76] Jaber M Y, Sikström S. A numerical comparison of three potential learning and forgetting models [J]. International Journal of Production Economics, 2004, 92(3): 281-294.

[77] Jay S M, Dawson D, Ferguson S A, et al. Driver fatigue during extended rail operations [J]. Applied Ergonomics, 2008, 39(5): 623-629.

[78] Jovanovic B, Nyarkogriliches Y. A Bayesian Learning Model Fitted to a Variety of Empirical Learning Curves [J]. Brookings Papers on Economic Activity Microeconomics, 1995, 1995(1): 247-305.

[79] Kar M B, Bera S, Das D, et al. A production-inventory model with permissible delay incorporating learning effect in random planning horizon using genetic algorithm [J]. Journal of Industrial Engineering International, 2015, 11(4): 555-574.

[80] Keachie E C, Fontana R J. Effects of Learning on Optimal Lot Size [J]. Management Science, 1966, 13(2): 102-102.

[81] Khan M, Jaber M Y, Ahmad A R. An integrated supply chain model with errors in quality inspection and learning in production [J]. Omega, 2014, 42(1): 16-24.

[82] Khan M, Jaber M Y, Guiffrida A L. The effect of human factors on the performance of a two level supply chain [J]. International Journal of Production Research, 2012, 50(2): 517-533.

[83] Khan M, Jaber M Y, Wahab M I M. Economic order quantity model for items with imperfect quality with learning in inspection [J]. International Journal of Production Economics, 2010, 124(1): 87-96.

[84] Konstantaras I, Skouri K, Jaber M Y. Inventory models for imperfect quality items with shortages and learning in inspection [J]. Applied Mathematical Modelling, 2012, 36(11): 5334-5343.

[85] Konz S. Work/rest: Part II — The scientific basis (knowledge base) for the guide 1 [J]. International Journal of Industrial Ergonomics, 1998, 22(1-2): 73-99.

[86] Lau V C S, Au W T, Ho J M C. A Qualitative and Quantitative Review of Antecedents of Counterproductive Behavior in Organizations [J]. Journal of Business & Psychology, 2003, 18(1): 73-99.

[87] Leung A W, Chan C C, He J. Structural stability and reliability of the Swedish occupational fatigue inventory among Chinese VDT workers [J]. Applied Ergonomics, 2004, 35(3): 233-241.

[88] Liang M, Chablat D, Bennis F, et al. A new simple dynamic muscle fatigue model and its validation [J]. International Journal of Industrial Ergonomics, 2009, 39(1): 211-220.

[89] Lindstrom L, Kadefors R, Petersen I. An electromyographic index for localized muscle fatigue [J]. Journal of Applied Physiology: Respiratory, Environmental and Exercise Physiology, 1977, 43(4): 750-754.

[90] Lu L. A one-vendor multi-buyer integrated inventory model [J].

European Journal of Operational Research, 1995, 81(2): 312-323.

[91] Luis López, Suñe A, Luis López, et al. Turnover-induced Forgetting and its Impact on Productivity [J]. British Journal of Management, 2013, 24(1): 38-53.

[92] Mahata G C. A production-inventory model with imperfect production process and partial backlogging under learning considerations in fuzzy random environments [J]. Journal of Intelligent Manufacturing, 2017, 28(12): 1-15.

[93] Mayer D M, Kuenzi M, Greenbaum R, et al. How low does ethical leadership flow? Test of a trickle-down model [J]. Organizational Behavior & Human Decision Processes, 2009, 108(1): 1-13.

[94] Mazur J E, Hastie R. Learning as accumulation: A reexamination of the learning curve [J]. Psychological Bulletin, 1978, 85(6): 1256-1274.

[95] Mo S, Shi J. Linking Ethical Leadership to Employees' Organizational Citizenship Behavior: Testing the Multilevel Mediation Role of Organizational Concern [J]. Journal of Business Ethics, 2017, 141(1): 151-162.

[96] Murata A, Uetake A, Takasawa Y. Evaluation of mental fatigue using feature parameter extracted from event-related potential [J]. International Journal of Industrial Ergonomics, 2005, 35(8): 761-770.

[97] Nanda R, Nam H K. Quantity discounts using a joint lot size model under learning effects — single buyer case [J]. Computers & Industrial Engineering, 1992, 22(2): 211-221.

[98] Nembhard D A, Uzumeri M V. An individual-based description of learning within an organization [J]. IEEE Transactions on Engineering Management, 2000, 47(3): 370-378.

[99] Okogbaa O G, An empirical model for mental work output and

fatigue [D]. Cincinati: University of Cincinnati, University Microfilms, 1983.

[100] Öztürkoğlu Y Y, Bulfin R L. Scheduling jobs to consider physiological factors [J]. Human Factors & Ergonomics in Manufacturing & Service Industries, 2012, 22(2): 113-120.

[101] Pan J C H, Yang M F. Integrated inventory models with fuzzy annual demand and fuzzy production rate in a supply chain [J]. International Journal of Production Research, 2008, 46(3): 753-770.

[102] Petersen T D. Asynchronous stochastic learning curve effects in engineering-to-order customisation processes [J]. International Journal of Production Research, 2009, 47(5): 1309-1329.

[103] Sáenz-Royo C, Salas-Fumás V. Learning to learn and productivity growth: Evidence from a new car-assembly plant [J]. Omega, 2013, 41(2): 336-344.

[104] Salameh M K, Jaber M Y. Economic production quantity model for items with imperfect quality [J]. International Journal of Production Economics, 2000, 64(1-3): 59-64.

[105] Santos-Arteaga F J, Torrecillas C, Tavana M. Dynamic effects of learning on the innovative outputs and productivity in Spanish multinational enterprises [J]. Journal of Technology Transfer, 2017, In Press(5): 1-35.

[106] Shafer S M, Nembhard D A, Uzumeri M V. The Effects of Worker Learning, Forgetting, and Heterogeneity on Assembly Line Productivity [J]. Management Science, 2001, 47(12): 1639-1653.

[107] Spector P E, Fox S, Penney L M, et al. The dimensionality of counterproductivity: Are all counterproductive behaviors created equal? [J]. Journal of Vocational Behavior, 2006, 68(3): 446-460.

[108] Steven M. "Ain't Misbehavin": Workplace deviance as organizational

resistance [J]. Organization Management Journal, 2008, 5(3): 181-183.

[109] Syverson C. What Determines Productivity? [J]. Journal of Economic Literature, 2010, 49(2): 326-365.

[110] Teng J T, Lou K R, Wang L. Optimal trade credit and lot size policies in economic production quantity models with learning curve production costs [J]. International Journal of Production Economics, 2014, 155(5): 318-323.

[111] Tepper B J, Henle C A, Lambert L S, et al. Abusive supervision and subordinates' organization deviance [J]. Journal of Applied Psychology, 2008, 93(4): 721.

[112] Touryan J, Apker G, Kerick S, et al. Translation of EEG-Based Performance Prediction Models to Rapid Serial Visual Presentation Tasks [C]//Foundations of Augmented Cognition. Springer Berlin Heidelberg, 2013: 521-530.

[113] Tranfield D, Denyer D, Palminder Smart. Towards a Methodology for Developing Evidence — Informed Management Knowledge by Means of Systematic Review [J]. British Journal of Management, 2003, 14(3): 207-222.

[114] Tsai D M. An optimal production and shipment policy for a single-vendor single-buyer integrated system with both learning effect and deteriorating items [J]. International Journal of Production Research, 2011, 49(3): 903-922.

[115] Wahab M I M, Mamun S M H, Ongkunaruk P. EOQ models for a coordinated two-level international supply chain considering imperfect items and environmental impact [J]. International Journal of Production Economics, 2011, 134(1): 151-158.

[116] Wright T. Factors affecting the cost of airplanes [J]. Journal of Aeronautical Science, 1936, 3(2): 122-128.

[117] Wu H C, Wang M J J. Determining the maximum acceptable work duration for high-intensity work [J]. European Journal of Applied Physiology, 2001, 85(3-4): 339.

[118] Yang P C, Wee H M, Yang J H. Global optimal policy for vendor-buyer integrated inventory system within just in time environment [J]. Journal of Global Optimization, 2007, 37(4): 505-511.

[119] Zanoni S, Jaber M Y, Zavanella L E. Vendor managed inventory (VMI) with consignment considering learning and forgetting effects [J]. International Journal of Production Economics, 2012, 140(2): 721-730.

[120] Zangwill W I, Kantor P B. Towards a Theory of Continuous Improvement and the Learning Curve [J]. Management Science, 1998, 44(7): 910-920.

[121] Zhang Z, Li K W, Zhang W, et al. Muscular fatigue and maximum endurance time assessment for male and female industrial workers [J]. International Journal of Industrial Ergonomics, 2014, 44(2): 292-297.

[122] Zhu J, Alavi M Z, Harvey J, et al. Evaluating fatigue performance of fine aggregate matrix of asphalt mix containing recycled asphalt shingles [J]. Construction & Building Materials, 2017, 139: 203-211.

[123] Zhou Y W, Zhang X, Lin Z. A Comparison of Different Shipment Policies in an Integrated Inventory System for Imperfect Quality Items with Inspection Errors [J]. Mathematical Problems in Engineering, 2017, 2017: 1-17.

[124] Zhou Y W, Wang S D. Optimal production and shipment models for a single-vendor-single-buyer integrated system [J]. European Journal of Operational Research, 2007, 180(1): 309-328.

[125] Zhu Q, Sarkis J. Relationships between operational practices and

performance among early adopters of green supply chain management practices in Chinese manufacturing enterprises[J].Journal of Operations Management,2004,22(3):265-289.

[126] Zou S,Bai R,Hernandez G A,et al.Influence of Fatigue and Bending Strain on Critical Currents of Niobium Superconducting Flexible Cables Containing Ti and Cu Interfacial Layers[J].IEEE Transactions on Applied Superconductivity,2017,27(4):1-5.

[127] 柏庆国,徐贤浩.带学习效应的双渠道供应链库存策略研究[J].中国管理科学,2015,23(2):59-69.

[128] 陈建武,毕春波,廖海江,等.作业疲劳测量方法对比研究[J].中国安全生产科学技术,2011,7(5):63-66.

[129] 陈庭翰.21世纪日本制造业企业竞争战略调整研究——以汽车与电子企业为例[D].长春:吉林大学,2017.

[130] 陈志祥.学习曲线及在工业生产运作研究中的应用综述[J].中国工程科学,2007,9(7):82-88.

[131] 陈春花,刘祯.反生产力工作行为研究述评[J].管理学报,2010,7(6):825-833.

[132] 蔡敏,商滔,付辉建,等.基于EEG和动作分析的手工装配线易疲劳工序[J].工业工程与管理,2016,21(2):68-72.

[133] 段振伟,景国勋,杨书召.基于安全人机工程学的驾驶疲劳因素及其产生机理分析[J].河南理工大学学报(自然科学版),2008,27(1):21-27.

[134] 林嗣豪.工作场所工效学负荷综合评估及其应用研究[D].成都:四川大学,2006.

[135] 伏开放,陈志祥.产出与提前期具有动态特征的采购—生产决策[J].计算机集成制造系统,2017,23(6):1333-1340.

[136] 伏开放,陈志祥.产出率具有学习效应和需求依赖库存的EPQ模型[J].计算机集成制造系统,2016,22(10):2478-2486.

[137] 伏开放,陈志祥.生产率具有疲劳效应的生产库存优化[C].第十九届

中国管理科学学术年会论文集,2017:494-500.

[138] 郭晓波,郭海林.影响作业疲劳的因素及对策研究[J].中国安全生产科学技术,2009,5(6):189-192.

[139] 郭伏,王天博,宁作江,等.单调作业中单调感对职业疲劳的影响研究[J].工业工程与管理,2017,22(1):134-140.

[140] 龚成,张红波.手工电焊作业职业疲劳分析及疲劳恢复模拟研究[J].矿业工程研究,2016,31(3):77-80.

[141] 黄宇菲,汪应洛.基于学习遗忘曲线模型的员工生产率研究[J].管理学报,2011,8(9):1325.

[142] 李红侠.基于员工行为的知识服务企业生产率研究[D].沈阳:辽宁大学,2009.

[143] 李普红.基于作业疲劳度的活塞生产线规划研究[D].济南:山东大学,2012.

[144] 李英俊,陈志祥.JIT生产—库存联合优化考虑缺陷品处理策略的研究[M].北京:知识产权出版社,2017.

[145] 李增勇,代世勋,张小印,等.驾驶员疲劳态下脑氧饱和度的近红外光谱法检测及其分析[J].光谱学与光谱分析,2010,30(1):58-61.

[146] 刘洪伟,汪洋,刘江龙.钢铁企业作业疲劳源量表研制[J].武汉理工大学学报(信息与管理工程版),2016,38(1):89-92.

[147] 马士华,林勇,陈志祥.供应链管理[M].北京:机械工业出版社,2000.

[148] 彭贺.反生产行为理论研究综述[J].管理学报,2010,7(6):834-840.

[149] 秦江萍,谢江桦.个人收入分配制度的改革与创新:科技人才参与企业收益分配[J].会计研究,2004(4):65-68.

[150] 阮平,黄勇富.考虑学习效应及次品率的制造商生产批量和信用期优化[J].工业工程,2016,19(3):59-64.

[151] 尚倩.基于心理负荷的生产效率研究[D].杭州:浙江大学,2013.

[152] 陶俐言,王志峰,聂清,等.考虑人因的单元设施布局优化设计方法[J].计算机集成制造系统,2014,20(12):2973-2979.

[153] 王桂娜,俞秉昊,潘尔顺.成组生产下的考虑学习和遗忘效应的调度策

略[J]. 工业工程与管理,2012,17(5):60-64.

[154] 王益宝,王海艳. 员工工作倦怠研究述评[J]. 经济论坛,2013(5):155-157.

[155] 吴群. 基于心电信号的驾驶疲劳检测方法研究[D]. 杭州:浙江大学,2008.

[156] 徐健腾,柏庆国,张玉忠. 带学习效应的二级易变质产品供应链的最优策略研究[J]. 系统工程理论与实践,2013,33(5):1167-1174.

[157] 杨斌彬,叶春明. 基于行为效应的MRO服务中心多技能工调度优化[J]. 工业工程与管理,2017(6).

[158] 叶春明. 基于学习效应的行为生产调度新模式研究[J]. 企业经济,2015(4):5-10.

[159] 于秀丽. 人工作业系统(MOS)建模与员工组织优化[D]. 广州:广东工业大学,2013.

[160] 于秀丽,张毕西,李逸帆,等. 考虑员工学习效应的MTO/MOS指派模型及算法研究[J]. 运筹与管理,2014(1):226-233.

[161] 于瑞峰. 基于人因学的工作地设施布局的优化设计研究[D]. 北京:清华大学,2004.

[162] 张晶,周仁来. 额叶EEG偏侧化:情绪调节能力的指标[J]. 心理科学进展,2010,18(11):1679-1683.

[163] 赵小松,常陈英,张阳,等. 考虑工人疲劳的工作排程研究[J]. 工业工程与管理,2012,17(1):112-116.

[164] 赵小松,武锦慧,何桢. 考虑疲劳和工作负荷的人工拣选货品排程研究[J]. 系统工程学报,2015,30(5):703-710.

[165] 赵旭,胡斌. 基于随机突变的员工反生产行为定性模拟研究[J]. 管理科学学报,2016,19(2):13-30.

[166] 郑培. 机动车驾驶员驾驶疲劳测评方法的研究[D]. 北京:中国农业大学,2002.

[167] 周济. 智能制造——"中国制造2025"的主攻方向[J]. 中国机械工程,2015,26(17):2273-2284.

[168] 周永务.考虑人类学习现象的最优生产批量模型的进一步扩展[J].系统工程与电子技术,1998(3):36-38.

[169] 周永务.物流系统的库存控制模型与方法研究[D].合肥:合肥工业大学,2002.

[170] 赖新峰,陈志祥,不完备生产和多种维护策略下的生产批量决策与优化[M].北京:经济管理出版社,2018.

图书在版编目(CIP)数据

基于员工行为特征的动态生产率下生产-库存优化/伏开放,陈志祥著.—上海:复旦大学出版社,2022.9
ISBN 978-7-309-16112-0

Ⅰ.①基… Ⅱ.①伏…②陈… Ⅲ.①全员劳动生产率-研究 Ⅳ.①F242

中国版本图书馆 CIP 数据核字(2022)第 013959 号

基于员工行为特征的动态生产率下生产-库存优化
JIYU YUANGONG XINGWEI TEZHENG DE DONGTAI SHENGCHANLVXIA SHENGCHAN-KUCUN YOUHUA
伏开放　陈志祥　著
责任编辑/郭　峰

复旦大学出版社有限公司出版发行
上海市国权路 579 号　邮编:200433
网址:fupnet@fudanpress.com　　http://www.fudanpress.com
门市零售:86-21-65102580　　团体订购:86-21-65104505
出版部电话:86-21-65642845
江苏凤凰数码印务有限公司

开本 787×960　1/16　印张 10.5　字数 161 千
2022 年 9 月第 1 版
2022 年 9 月第 1 版第 1 次印刷

ISBN 978-7-309-16112-0/F·2871
定价:48.00 元

如有印装质量问题,请向复旦大学出版社有限公司出版部调换。
版权所有　　侵权必究